どんなことからも立ち直れる人

逆境をはね返す力「レジリエンス」の獲得法

加藤諦三
Kato Taizo

PHP新書

序章――「レジリエンスのある人」とはどういう人か

レジリエンスとは、小さい頃の環境から期待されるよりも、高いレベルで心理的に機能する能力である。(註1)

あるレジリエンスのある女性の話である。

彼女は小さい頃、失業中の父親に殴られて、父親は逮捕された。父親は酔っ払っていた。

母親は慢性的にうつ病だった。(註2)

彼女は足が不自由だった。

その女性にインタビューしたアンソニーという人は驚いた。

そのフレンドリーな態度、インタビューの間の落ち着いた信頼感のある態度などに驚い

た。インタビューしたアンソニー自身の気持ちを楽にしてくれた。(註3)

なぜ、人はこんな人になれるのか。

なぜレジリエンスのある人は、自分は愛に値するという深い確信を持っているのか。

なぜ彼らは地獄に生まれたのに、充実した意味ある人生をつかんだのか。彼らは自らの地獄の体験をどう解釈し、どう対処して不屈の力を獲得したのか。

なぜ彼らは地獄の場所を逃れ、もっと良い場所を探すことができたのか。自分の人生について、レジリエンスのある人はどういう認識をしたのか。

この本は、その「なぜ」を学ぶ。

父親は統合失調症、母親は自分を拒否している。でも彼女は幸せをつかむ。彼女は、自分の人生をどう解釈していたのか?

どのように人生を解釈していたから、凄いストレスの環境の中で積極的感情を奮い起こすことができたのか。

なぜ厳しい現実に屈服しないのか。なぜ乗り越えることができたのか。

レジリエンスの研究者ヒギンズは、地獄の試練は人を殺すか、人を猛烈に強くするかだと言う。

猛烈に強くなって素晴らしい人生を生きるか、殺されて意味ある人生を終わりにするか。

ヒギンズは、父親の虐待に苦しめられるダンという少年に「あなたは自分に誇りを持っているか？」と問うている。父親から殺されると思って必死に逃げている彼は自分を「誇りに思っている」と言う。

ダンを恐ろしい虐待から救ったのは何であったか。恐ろしい虐待を癒してくれたのは何であったか。

四歳の時から殴打で殺されると思って逃げていたダンは、さまざまな困難に遭遇する。

そして最後には「大洪水のような残虐さに打ち勝つことが、ダンを異常に強くした」。

ダンは、さまざまな困難に遭遇する。地殻の変動のような残虐さを切り抜けたことが彼を異常に強くしたという。(註4)

大洪水のような残酷さで、彼は殺されるか、強くなるかで、強くなった。

そして彼は自分に誇りを持った。

何が自分を強くするかという点を間違ってはいけない。

困難を乗り越えるだけでなく、さらに成長を続けるということはどういうことか。

彼らがいかにして不死鳥《ふしちょう》のように蘇るか、彼らが自分の心を捧げたものは何だったのか。

同じ野蛮な親なのに、挫折していく人たちとどこが違ったのか。彼らの生きる態度のどこが、悩んでいるだけで問題解決に向かって戦わなかった人たちと違ったのか。

道を切り拓くとはどういうことか。

レジリエンスのある人は、どう困難を認識したから問題を解決できたのか。

要するにどうして逆境に飲み込まれなかったのか。

彼らは逆境から何を学んだのか。

レジリエンスのある人は自分をどう認識していたのか。

なぜ極限まで厳しい状況の中で人生を頑張って生きていけたのか。

なぜ自分の存在を確かなものと感じることができたのか。

この追い詰められた事態に、彼らは自分の方から働きかけるという態度である。そして戦っている自分に誇りを持っている。

彼らは困難をどう考えて、どう乗り切ったのか。


この本ではその考え方を学ぶ。

「だめに決まっている」という、うつ病者の視点から、レジリエンスの視点に変える。認識を広げる。

なぜレジリエンスのある人は自分で自分を「奮い立たせる」ことができるのか。

レジリエンスのある人の特徴とは何か。

その一つは自分で自分を励ますことである。ヒギンズはSelf-propelledという言葉を使っている。

要するにレジリエンスのある人は自家発電機を持っている。常に自家発電をしている。

彼らはThey seize the day.（註5）だという。実に見事な言葉である。

今日をつかむ。過去に囚われない。


世の中には「幸福を得る力をも捨ててしまった人」がいる。

そういう人は、レジリエンスを学ぶことを通して「幸福を得る力」をもう一度獲得することが重要である。何よりもレジリエンスの育成を心がけることが必要である。


人生は毎日がピンチ。人生は困難の連続。それをどうしたら乗り越えられるか。

自分にだけ安易な方法はない。悪いことばかり起きる人の特徴は、自分にだけ安易な方法を求めていることである。


ヒギンズは、彼らの驚くべき力を強調している。

彼らの最大の特徴は強さである。著者は、彼らは地獄で成長したから強いのだという。なぜ彼らは地獄に生まれたのに、充実した意味ある人生をつかんだのか。彼らは自らの地獄の体験をどう解釈し、どう対処して不屈の力を獲得したのか。

なぜ彼らは地獄の場所を逃れ、もっと良い場所を探すことができたのか。自分の人生についてどういう認識をしていたのか。

地獄で成長したから強くなる人と、地獄で成長したから捻《ひね》くれる人、弱くなる人と居る。その境目は何だろうか。

ヒギンズの論文に、レジリエンスのある人は困難に「かみつく」とか「Bounce up 飛び上がる」と言う言葉が出てくる。

レジリエンスを学んで、困難に「かみつく」人間になる。レジリエンスを学んで、心に何かが湧いてくる。

どうすれば人生は拓けるのか。この本に登場するさまざまなレジリエンスのある人たちから学ぶ。

レジリエンスのない人は、人生の何処で間違えたのか。

なぜレジリエンスのある人は地獄の場所を逃れ、もっと良い場所を探すことができたのか。自分の人生についてどういう認識をしたのか。その「なぜ」を学ぶ。

ダンという少年は、地殻の変動のような残虐さを切り抜けたことが彼を異常に強くしたという。(註6)

洪水のような残酷さで、彼は殺されるか、強くなるかで、強くなった。

そして彼は自分に誇りを持った。

皆、状況は極限まで厳しい。しかし戦っている自分に誇りを持っている。

犠牲者を演じて、悩んでいる人とどこが違うのか。

逆境に弱い人と逆境に強い人とでは、どう事態の認識が違うのか。どう自己認識が違うのか。

困難を乗り越えるだけでなく、さらに成長を続けるということはどういうことか。

最高の自分は今の自分ではない。

最終点の幸せに向かう経過と捉えれば、どんな行動にも意味がある——これが、レジリエンスのある人の考え方である。

そう思えば逆境から立ち直る行動を続けられる。

彼らがいかにして不死鳥のように蘇るか。

自分の心を捧げたものは何だったのか。


落ち込んで憂鬱になり、もう立ち上がれなくなっている人は、この本を読みながら、「この本の著者は、頭がおかしいのではないか、生きるのが辛いという体験を何もしていないのではないか、だからこんな馬鹿みたいなレジリエンスのことを書いているのではないか」と思うかもしれない。

レジリエンスなどということを書いている人は、人の苦しみなど何も理解できない、頭のおかしな人と思うかもしれない。

でも騙されたと思って読んでもらいたい。

レジリエンスという言葉は日本ではあまり聞き慣れない言葉であるが、アメリカでは現在、かなり研究されていて、著作も論文も多数ある。

ヒギンズの著作にシーボンという女性のことが書かれている。シーボンは常に、逆境を乗り越えることを考えていた。常によりよい人生をめざして頑張っていた。

レジリエンスのある人は危機を乗り切る時に、プロアクティブな態度で、尋常ならざる能力を示す。

プロアクティブであることによって、環境に溶け込んでしまわないで、適応する。

何か望ましくないことが起きたときにも「こういう経験も自分の人生には必要だったのだ」と考えることで、絶望から免れる。そう考えるから前向きになれる。

この不愉快な経験も、自分が幸せになるためには通らなければならない関所であると考える。

レジリエンスのある人はどう問題を解決したのか。
要するにどうして逆境に飲み込まれないのか。
はじめに、このプロアクティブな態度について考えていく。

どんなことからも立ち直れる人

目次

第2章　レジリエンスがある人の現実との向き合い方

第3章　仕方ないことの「断念」と「不幸の受容」が人生にもたらすもの

第1章
プロアクティブとリアクティブ

●「いつも悪いことが起きる人」の特徴

いつも悪いことが起きる人は、人生のスタートで辛いことが起きていることが多い。

人生における初めての出会い、つまり、親との出会いに挫折している。

間違ったスタートであることに気づかないままに、頑張って生き続けた。

その結果、頑張っているのに悩みだけがどんどん大きくなっていく。

間違った生き方をしていたと気がついた時には、悩みが大きくなりすぎてどこから手をつけていいのかわからなくなっている。

そこで対処しないで文句を言い出す。

次々に起きてくるトラブルに対処しないで、「もうどうにもならなくなった」ときに「人を恨み」「自分の人生の運命を嘆く」ことになる。

「それにもかかわらず、神経症的問題の根源は、その両親との関係にある。これは、フロイドの成した不朽の貢献の一面である(註7)」

これはフロムの言葉であるが、両親との関係に恵まれて生まれた人の人生と、恵まれなかった人の人生との違いは、はかり知れない。

不幸な関係はなにも肉体的な虐待のようなことばかりではない。

権威主義的な親の場合には、子どもは親を深く内面化してしまう。その内面化された親から抜け出すことがなかなか難しい。

小さい頃から、何とかして親の期待するような人間になろうとして頑張って、自己喪失に陥る。自分でない自分になろうと努力する。そこで自分でない自分で生き始める。自分自身でない生き方をする結果、悪いことばかりが起きる。その悪いことが人生の最後まで続いてしまうことも多い。

それらのことを承知した上で、レジリエンスの問題を考えていきたい。

●「いつもいいことが起きる人」と「いつも悪いことが起きる人」

まさに「それにもかかわらず」、いつもいいことが起きる人と、いつも悪いことが起きる人との違いは、どこにあるのか？

それは起きたことに対する対処の仕方の違いである。

外から見るといつもいいことが起きているように見えるが、いつもいいことばかりが起きる人などいない。いるはずがない。

いつもいいことが起きているように見える人は、いいこと悪いことを含めて、起きたことを自分の態度や行動でいいことにつなげているのである。

つまり起きたことに対して、必ず自分から動いて対処している。諦めたり、歎いたり、人を恨んだりする前に、とにかくどんな小さなことでも自分のできることをしてみる。ただ幸運を待っていない。

起きたことには、いいこと悪いこといろいろとある。誰の人生にも、辛いことがある。外から見ていいことばかり起きているように見える人も、起きたこと自体には辛いことが多い。

問題は対処するだけの「生きるエネルギー」があるかないかである。そこに、はじめに書いた「それにもかかわらず、神経症的問題の根源は、その両親との関係にある」という言葉が関係してくる。

親子関係に挫折した人は、起きたことに対処するエネルギーが残っていないことが多い。

いつもいいことが起きているように見える人は、「何かいいことないかなー」ではなくて、いいことが起きるように毎日を過ごしている。

●逆境に強い人の特徴

ヒギンズという回復力の研究者は、回復する力を持っている人の特徴として、レジリエンスがあると言い、その特徴の一つをプロアクティブ proactive と言っている。

それは日本語に訳しにくいが、自分から動くことである。プロアクティブは起きたことに対処することである。

ヒギンズは「ちなみに私のオクスフォード辞書での proactive の定義は、controlling a situation by making things happen rather than waiting for things to happen and then reacting to them である」と述べている。

ヒギンズは「何かが起こるのを待ってから対応するのではなく、ことを起こして状況に対処すること」であると言う（註8）。

レジリエンスの定義はなかなか定まっていないようであるが、困難な環境にあっても正常な発達をすることである。(註9)

あるいは「人生の挫折に対処する能力」である。(註10)

私は内容的にはスーパー・キッズ superkids があたっているような気がする。非行にはしっても、うつ病になってもおかしくない親子関係の中に置かれながらも健全な大人に成長する。

常識で考えれば、憎しみをもつ大人になっているはずである。それなのに健全に成長する。憎しみに囚われずに愛する能力を自ら育成する。

過酷な過去から回復する力を持っている人の特徴、つまりレジリエンスの特徴、それはプロアクティブである。

反対はリアクティブである。リアクティブの典型的な態度は、「ただ歎いている」ことである。起きたことに対処しない。

プロアクティブは起きたことに対処する。

私のプロアクティブなことの定義は「解決の意志がある」ということである。

リアクティブな人には、解決の意志がない。ただ歎いているだけ、解決しようとしている「ふり」をしているだけ、格好をつけているだけ、もっともらしいことを言っているようだが、文句を言っているだけ。

リアクティブな人には解決の意志がない。悩むことが主眼である。悩むことが目的で、解決は目的ではない。

●今の問題にどう対処するか

レジリエンスのあるパーソナリティー、不屈力のある人のパーソナリティーの特徴をもう少し考えたい。

まずは、問題を解決する意志があるということについて。(註11)

自我心理学によると次のような仮定である。

レジリエンスのある人は、情緒的に困難な問題をProactivelyに乗り越えることができる。(註12)

レジリエンスのある人は今の問題にどう対処するか、それを考える。

それがプロアクティブである。

リアクティブな人は、文句を言うことが主題で、解決する意志がない。とにかく「辛いなあ」と嘆いている。「あいつがあんなことをするから」と悪口を言っている。

明日はどうなるか、それを考えないで、「昨日言われたことは悔しい」ということで今日を過ごしてしまう。

ヒギンズの著作にシーボンという女性が紹介されている。シーボンは常に、逆境を乗り越えることを考えていた。常によりよい人生をめざして頑張っていた。（註13、14）
レジリエンスのある人は、心を重視する。相手を見る場合でも相手の心を見る。相手を判断するのに、相手の富とか社会的地位とか名声を見ない。
逆にレジリエンスのない人は心を重視しない。形を重視する。例えば相手のステイタスを見る。

悩んでいる人には、周囲からの刺激に対する反応しかない。それが退行欲求である。リアクティブである。

その事態に自分の意志でどう対処するかがプロアクティブである。

レジリエンスの定義は難しいが、レジリエンスのある人は危機を乗り切る時に、プロアクティブな態度で、尋常ならざる能力を示す。

プロアクティブであることによって、環境に溶け込んでしまわないで、適応する。環境に飲み込まれないで、適応する。（註15）

レジリエンスのある人は、自分の行動に責任を持つばかりではなく、その経験の意味にも、自分は責任を持っていると考える。

その経験には意味があるという前提で行動することによって、意味があると感じ始める。

何か望ましくないことが起きたときにも「こういう経験も自分の人生には必要だったのだ」と考えることで、絶望から免れる。そう考えるから前向きになれる。

この不愉快な経験も、自分が幸せになるためには通らなければならない関所であると考える。

現実に適応するが、自分の心のバランスは維持する。自分自身の心を失わないままで環境に適応する。それは社会性でもある。

つまり反発したり、萎縮したりはしないで、柔軟に対応する。それは環境と交渉することであり、今の環境を乗り切ることである。

それは私の言葉で言い換えれば、心の中に化学変化を起こしている。(註16)

経験や情報を消化吸収する。つまり頑なに自分の態度に固執しない。ヒギンズはassimilateという言葉を使っている。

環境に染まらないが、環境に適応している。自分を見失わないが、環境と敵対していないで、環境を消化吸収する。敵対的自立ではなく、人とのかかわりの中で自立する。

環境と自分との関係を組織化する。人と協力するが、自分自身を見失わない。

●先のことまで考える

レジリエンスのある人が騙された。すると怒って正気を失うのではなく、騙されたことを幸せになることに、結びつける。

一千万円騙されてしまったとする。一千万円騙されなければ、お酒漬けになってアルコール依存症になり、肝臓を壊すかもしれない。

そう考えれば今の健康に感謝して頑張る。

未知のことは怖い。そこで普通の人は未知のことは避けようとする。

レジリエンスのある人は、変革の時は、イヤなことではなく、成長する時期と考える。

そう考えなければ先へ行かれない。

納豆ブームのころ、納豆を批判するテレビ番組があった。その結果、栄えていた納豆屋さんが潰れたという話があった。

レジリエンスのある人は、潰れて良かったと考える。

そういう体験をすれば、今度は変革に怯えなくなる。

納豆ブームという大きな波はたまたま風が吹いているだけ。自分の能力ではない。

「何が千載一遇のチャンスなのか？」と見分けるのは、準備をしていたかどうかである。

準備をしていたときにくるチャンスが、千載一遇のチャンスである。

準備していないときには、成功しても「棚ぼた」である。潰れる会社は、それを分からないで、生産を拡大する。

投機は、目先のこと。

詐欺師は「今がチャンスです」と言って、人を騙す。

投資は、その人が準備をしてからする。

投機か、投資かは、先まで考えて行動するかどうかである。レジリエンスのある人は先まで考えて行動する。先まで考えて今を見る。

●コントロール感覚を持つ

状況は変わる。それを受けいれる。

お金がなくなったら山に入って草を見る。漢方を学ぶ。

実際にそうするというよりも、そうする心の姿勢が大切だということである。

人生は問題の連続である。だから心理的健康とは問題解決能力である。

今までの研究者はそれをプロアクティブとは呼ばなかったが、メンタルヘルスにとって重要と考えてきた。

環境に負けないということがメンタルヘルスであると考えられてきた。[註17]

今までの研究者の考え方をまとめて、最後にヒギンズが言っているのは、「苦しみやストレスを避けるのではなく、そこにコンフォートcomfortを保持する」ということである。

なかなか難しいことではあるが、そこに慰めを見いだす。それができる人は、本当に強い人である。

問題はどうしてそのような強い人になるかである。

今までのいろいろな学者がメンタルヘルスについて話してきたが、要約するとプロアクティブであることである。

思春期から大人へのストレスに満ちた時代を乗り切るのは、レジリエンスであり、その要素はコントロール感覚である。[註18]

レジリエンスにおけるプロアクティブはコントロール感覚である。

コントロール感覚を持つということは、自分のしていることをよく知っていることである。自分についてよく把握している。

コントロール感覚を持つためには、自分に気がついていることが絶対の条件である。

自分について何も知らなければ、コントロール感覚は生まれようがない。

自分の会社について熟知している社長が会社についてコントロール感覚があり、会社の逆境につよい。

自分について熟知している人が、環境と交渉できる。環境に振り回されない。厳しい環境を切り抜ける。レジリエンスのある人は逆境でコントロール感覚を持てる。

●リアクティブな人

いつも悪いことが起きる人の特徴はリアクティブである。

リアクティブは、単に今の刺激に、過去の自分が反応することである。

リアクティブで典型的なのが、「ただ歎いている」ことである。起きたことに行動することで対処しない。自分の人生を良い人生にしようという意志がない。

それに対してプロアクティブは起きたことに対処する。

対処するということは「起きたことから逃げない」ということである。対処すれば上手く対処できるときもあれば、上手く対処できないこともある。しかし自分に自信はつく。

対処しないで逃げると、「自分は困難に対処できない人間である」という自己イメージを強化してしまう。そして自分に頼らずいよいよ周囲の人から助けを求めるようになる。期待通り助けが得られないので、周囲の人を冷たいと恨む。

責任転嫁はリアクティブの得意芸である。

リアクティブな人は何か望ましくないことが起きると「お前がこうしたからこうなった」と相手に責任転嫁をする。相手を責める。

責任転嫁をしないで、その起きたことにとにかく対処するのがプロアクティブである。対処の行動をするのがプロアクティブである。

プロアクティブな人は、常に自分からこうしようと思う。望ましくないことが起きたとしても、それに対して責任転嫁をしない。

リアクティブな人は、ある人から「あなたは素敵だ」と言われて、その人を好きになる。

逆に批判されると嫌いになる、恨む、あるいは落ち込む。

逆に誉められると良い気持ちになる。貶《けな》されると傷つく。煽《おだ》てられていても、愉快になる。注目されないとイライラする。

要するに自分は相手の言動に反応するだけで、自分から動かない。他人の言動に振り回される。

プロアクティブな人は、誉めてくれるか誉めてくれないかと関係なく、自分から誰かを好きになる。だから気持ちが安定している。

リアクティブな人は逆境に弱い人である。自分に頼って生きていないから、外側に何か障害が起きると、気持ちが持たない。

彼らは自分の心の中に自分を支えるものを持っていない。

いつもいいことが起きているように外から見える人は心の支えがある。

●パンをはさんだサンドウィッチ

自己不在の表がリアクティブ、裏が責任転嫁。

リアクティブな人は、青年期の課題である「対象に対する興味と関心」が開発されていない。

人が欲しいから自分も欲しい。

皆が持っていると自分も欲しい。

これがリアクティブ。

消費社会のカモである。


レジリエンスのある人は困難を創造的に乗り切る。（註19）

ヒギンズは論文の中でGarmezyという研究者の話を紹介している。

Garmezyという人は八才の女性について書いている。

その女性の父親は死んでいる。母親はうつ病で彼女に、学校に持っていく昼食のお弁当を作ってあげられない。

その子は冷蔵庫から食べ物をあさった。でも母親が作ってくれるサンドウィッチを作れない。クラスメイトが持っていくようなサンドウィッチを作れない。

しかし彼女は最後に自分でサンドウィッチを作ることを決めた。自分でブレッド・サンドウィッチという名前のものを作り出した。

それは、中にパンをはさんだサンドウィッチのことである。中にハムが入っていればハム・サンドウィッチである。

でも彼女は孤独ではなかった。それは、いつもではないが他の子と一緒に食べることができる時があるからである。

彼女は問題を解決する。

要するに逆境に飲み込まれない。

Garmezy は、彼女は孤独という感情をコントロールするという。ブレッド・サンドウィッチは解決のシンボルである。(註20)

●問題解決における柔軟性

自我心理学といわれる心理学では、自我は、外と中の現実を仲介する役割である。(註21)

レジリエンスのある人は次の4つの特徴があると説明する。（註22）

1、プロアクティブ
2、経験から意味を見いだす。
3、他人の思いやりを募る才能。
4、信念

そしてプロアクティブについて次のように説明している。

レジリエンスのある人は、たくさんの情緒的に危険な経験とプロアクティブに交渉する。

困難な経験に assimilate よりも accommodate する。同化するよりも調整する。（註23）

これはハーヴァード大学のエレン・ランガー教授のいうマインドフルネスということに通じる。つまり新しいカテゴリーを作る。古いカテゴリーに囚われない。

自分があるから交渉でき、困難を乗り切れる。

レジリエンスは問題解決における柔軟性によって特徴づけられる。ということはレジリエンスには抑圧がないということである。

ジョージ・ウエインバーグは柔軟性の最大の敵は抑圧であると言う。

●他者の言動

リアクティブな人は、人の言動に心が左右されてしまう。逆境から回復する「自分自身の力」がない人である。

批判されれば激怒する。激怒しないときには落ち込む。憂鬱になる。生きる気力を失う。

神経症的傾向の強い人や、ナルシシストや、深刻な劣等感のある人などは、得意になったり、落ち込んだりという心の揺れが激しい。

アドラーは、生きるのに望ましくない性格の一つとして異常敏感性ということを挙げているし、マスローは同様の内容のことを、人生の重心が他者に移っているとのべている。

またカレン・ホルナイは神経症者にとって「他者に認められること」は生命的に重要で

あると述べている。

多くの人は若い頃は、他人の言動で心が揺れ動き苦しんでいる。それから成長して大人になり、心の安定を得る。

「八風《はっぷう》吹けども動ぜず天辺《てんぺん》の月」という言葉があるが、心理的な成長に成功すればそれを生きる目的にして生きられる。

人生、長所で勝負する人と、弱点で勝負する人がいる。

弱点で勝負する人はリアクティブな人である。逆境を自分で招く人である。自分の気持ちが人に振り回されているからである。

逆境に強い人は、「逆境の今、自分は何をするか」と考える。プロアクティブである。

プロアクティブな人にとって、今の逆境は無駄でない。そこから必ず何かを学ぶ。

●過去への執着

私は昔、『今の悩みは無駄でない』（ジョージ・ウォルトン著、一九九三年、三笠書房）という本を訳した。タイトルの意味はレジリエンスである。

私は『アメリカインディアンの教え』（一九九〇年、扶桑社）という本を書いたが、その時にアメリカインディアンについていろいろと学び、アメリカインディアンは逆境に強い人達だとつくづく感じた。

逆境に強い人はあきらめが早い。

執着しない。過去を変えることはできない時がある。すると過去に執着しない。起きてしまったこと、失ってしまったことに執着しない。

起きたことは起きたこと。

例えばもらえると期待していたものがもらえないと分かった。すると「〇〇はもらえない」とあっさりと諦める。

人に対しても同じである。他人は、こちらが期待したようには変えられない。すると他人を受けいれる。

ネコにはネコの対応をする。

ヘビにはヘビの対応をする。

頭にきて、相手を変えようとすれば、人生の大切な時間を奪われる。失われたものは一年分の給料どころではない。

相手はネコ、相手はヘビ。

そう思って対応することが、プロアクティブ。

「けしからん」と言って腹を立てて、人生を無駄に使っているのが、リアクティブである。
○○に腹を立てて「けしからん」と怒って、○○を変えようと思っても○○は変わらない。
相手は余計こちらに嫌がらせをするようになるだけである。どんどん腹が立ってきて、どんどん事態は悪くなるだけである。

「あいつはああいうヤツだったか」と理解して、自分のその人への態度を変える。それがプロアクティブということである。

自分の方から事態の打開を図ろうとする。今の事態に「許せない、けしからん」と騒いでいても、事態は変わらない。悪化するだけである。

●冷静な対応

不誠実な人とかかわってしまった。この世の中には不誠実な人は沢山いる。自分一人がそうした不誠実な人にかかわらないで生きていかれるものではない。

そして不誠実な人に上手く利用された。こちらが誠実に対応していれば、対応しているほど腹が立つ。

「適当に利用されたな」と分かる。「舐められて、お世辞を言われて、骨までしゃぶられた」と分かる。

怒るのはもちろんである。しかしそこで腹を立てて、毎日怒りで体調を壊して寝込んでも、事態は変わらない。

相手は不誠実な人から誠実な人に変わることは絶対にない。

選択肢は二つしかない。怒り心頭に発して、心臓病になったり、ストレスから癌になったり、そこまで行かなくても体調を崩したり、その怒りの間接的な表現で惨めさを誇示して、周りの人からいやがられたり、結果として孤独になったり、何よりも残りの人生を無駄にする。

もう一つは、あの人はああいう不誠実な人で、自分がどのように騒いでも、それで何か事態が改善されるわけではないと、今の事態を受けいれる。

受けいれるということは覚悟するということである。

受けいれなければ、貴重な人生の時間を不愉快に過ごし、その不誠実な人から受けた被害を拡大するだけである。そう思って、あの人から離れる決心をする。

そこで受ける被害はもの凄いものである。しかしその被った被害を受けいれなければ、被害はもっと増える。

プロアクティブになるということは、この追い詰められた事態に、自分の方から働きかけるということである。この最悪の事態に怒りで反応するだけではなく、この事態に対応できる自分に自分を変えていくことである。

この事態は自分に何を教えているのか。この事態から何を学べるのか。そう考えるのがプロアクティブな人である。

相手が不誠実な人と分かった時点からの自分の言動を反省してみる。

そうすると「ああ、あそこであのような言動をしなければ、事態はここまで深刻にならなかった」ということが分かるかもしれない。

あの時にあの不誠実な人に、「ああ、この人はこういう人だったか」と冷静に対応していれば、被害は最小限に食い止められていたかもしれない。

それを頭に血が上って怒りをぶつけてしまった。それはなんの事態の改善にもつながらないで、事態を悪化させただけであったと分かる。

この体験は、その人に冷静な対応の必要性を教えている。

人は騙された時に、怒りがこみ上げる。そしてその怒りに支配されて、事態を悪化させる。

目上の人にいくら「冷静な対応が必要だ」と教わっても、身につかない。やはり自分が痛い目に遭って初めて、「ああ、冷静な対応が必要なのだな」と理解できる。

しかしその被害から学ばない人は、怒りでどんどん事態を悪化させていく。それがリアクティブな態度ということである。

だから逆境に弱い人の特徴は何度もいうようにリアクティブなのである。

周りの人をよく観察してみるがよい。エネルギッシュな人は、皆プロアクティブであって、リアクティブではない。

プロアクティブな人は、いつまでも愚痴をこぼしていないし、いつまでも怒っていない。繰り返し、繰り返し同じ被害の話をしていない。

一度不誠実な人に舐められて酷《ひど》い目に遭った怒りはなかなか消えない。

その怒りから離れられないのが、リアクティブな人である。その不誠実な人から気持ちが離れられるのが、プロアクティブな人である。

不誠実な人に心が囚われる。心が麻薬に占拠されるように、不誠実な人、ずるい人に心が占拠されてしまう。他のことは考えられない。

それがリアクティブな人である。

とにかくリアクティブな人は、何もしない、ただ歎いている。

私は『悩まずにはいられない人』という本をPHP研究所から出版した（二〇一五年）。

この「悩まずにはいられない人」がリアクティブな人である。

とにかくリアクティブな人はトラブルに対処しない。だからただ悩んでいることだけが救いなのである。

カレン・ホルナイが悩んでいる人にとって最大の救いは悩むことであると言ったように、悩んでいることが一番心理的に楽なのである。

もう、起きたトラブルに対処するエネルギーはない。

●心の支えの有無

リアクティブな人は、人から何かをしてもらうことばかりを考えている。愛を求めている。人から笑顔を求めるが、自分が人に笑顔で接することは考えない。

自分から行動を起こさない。与えることではなく、もらうことばかりを考えている。

こうしてほしい、ああしてほしい。とにかく要求が多い。その上、自分の力で困難を脱出しようとはしない。「誰かなんとかしてくれ」と叫ぶ。

ベラン・ウルフの言う躊躇ノイローゼである。

学校に行ったら、会社に行ったら「こういうことがあって欲しい」と思う。「ああして欲しい、こうして欲しい」という欲求が多すぎる。

ピーターパン症候群の怠惰がこれに当たる。

行動力のなさ。実行力の欠如。口先だけ。

「ああすればいい、こうすればいい」と口で言うだけで自分からはなにもしない。これがピーターパン症候群である。

偉そうに人のすることを批判するだけで自分からはなにもしない。

いつもいいことが起きているように外から見える人は、心の支えを持っているから、逆境でも自分で自分を「奮い立たせる」ことができる。逆境にかみつく。

人に嫌われるのが怖いとか、人に気に入られるために生きて来た人は、自分の中に心の支えがないから、自分で自分を「奮い立たせる」ことができない。そこでなにか悪いことが起きると、立ち上がれない。そこでまた次の悪いことが起きる。

対処しないうちに次のトラブルが起きる。結果としていつも悪いことが起きている人になってしまう。

いつもいいことが起きているように見える人は何が起きても、いつまでも歎いていない。悩んでいる人のように解決の意志がないのではない。

彼らは、要するに何を経験しても「良かったじゃない」と解釈する。そう感情的に過去の経験を肯定する。そしてその厳しい体験から教訓を得て、行動をする。

良い思い出をいつまでも大切にする。

決して過去の経験を否定しない。あれがあって今日の自分があると解釈する。

転んでもただでは起きない。

自分で自分を励ます。ヒギンズはSelf-propelledという言葉を使っている。

要するにレジリエンスのある人は自家発電機を持っている。常に自家発電をしている。

彼らはThey seize the day.（註24）だという。実に見事な言葉である。

今日をつかむ。過去に囚われない。

今日をつかまなければ、過去に捕まえられる。

リアクティブな人は今日を失っている。しかも自分が大切な人生の一日を失っているということに気がついていない。

●過去あっての自分

プロアクティブな彼らは知識は力だという確固とした信念を持っている。(註25)

この態度は心の支えのある人の態度である。リアクティブな人は、すぐに人を批判する。

目の前に人生で有効利用できる知識があるのに、「あんなもの下らない」と批判する。批判をして得意になっているが、失っているものの大きさに気がついていない。

レジリエンスのある人は、学べるときには公的であれ、私的であれ、全力でチャンスを活かす。(註26、27)

人はそう簡単に過去を忘れるものではない。過去は忘れようとして忘れられるようなものではない。

忘れるのではなく、先ず過去を理解する。自分の過去は今の自分にどのような影響を与えたのかを理解する。

それが過去を消化吸収するということである。

いつもいつも、いいことが起きているように見える人は過去をよりよい形で今に活かしている。幸運不運を含めてこれからの自分の成長に生かす。それが過去を消化吸収するということである。

レジリエンスのある人は、過酷な過去を体験しながらも、何でもかんでも過去を否定しない。あの過去があって今の自分がある、そういう見方をする。

●リアクティブの原因

ところでリアクティブの原因は何だろうか。

もちろん甘えの心理であり、情緒的未成熟であり、心理的未成長である。

もう少し具体的に言えば、多くの心理的未解決な問題を抱えていることであり、隠された敵意を持っていることであり、情緒的孤立である。

そしてさらにそのもう一歩奥には恐怖感がある。

その心の中に隠された敵意が、今目の前に起きた出来事に反応してしまう。

リアクティブな人は、過去のさまざまな心理的に未解決な問題が心の中に蓄積されている。それが常に日常生活の出来事に反応してしまう。

「私はこれをする」というプロアクティブな態度の前に、先ず起きた出来事に反応して、歎くことが始まる。

「行け行けどんどん」は逆境に弱い人である。

ものごとを長い時間的枠組みで考えていない。これから先どうなるかを考えていない。

「行け行けどんどん」の時にはすでに逆境が始まっているかもしれない。

逆にレジリエンスのある人は今の経験を長い時間的枠組みで考える。

その上で今日を全力で生きる。

They seize the day.

今日をつかめる人は、心理的未解決な問題を沢山抱えていない。

心理的に未解決な問題を沢山抱えている人は、今起きていることを通して過去の心理的に未解決な問題を体験している。

今起きていることを体験しているのではない。今を通して過去を体験している。

素直な人は、心理的に未解決な問題を沢山抱えていない。だから起きたことを起きたこととして体験する。それが素直さである。

素直なパーソナリティーと、素直でないパーソナリティーとある。

素直でないパーソナリティーの人は、今関わっている人との体験に、その人が過去の心理的未解決な問題を投影する。

だからこちらの言ったことを素直には受け取ってくれない。こちらの言ったことは、単に過去の体験の心理的に未解決な感情の引き金である。

こちらの言ったことに反応しているのではなく、その人の過去の心理的に未解決な人の言ったことに反応しているのである。

●権威主義的な親

レジリエンスのある人は「今をつかむ(註28)」。

それは過去の心理的未解決な問題を心の中に蓄積していないということである。

われわれが誰か他人の賞賛を目あてに行動するとき、その行動自体は自分に対する弱さと無価値さの感情をそのまま思い出させるものである(註29)。

そしてこのような態度は全ての中で最も酷い屈辱であり、臆病な気持ちにつながるという。

外側からの要求ばかりに従っている人は、幸福を得る力をも捨ててしまう。従って従順であることによって「良い子」であることが幸福と成功の条件であると教えることは危険である。ロロ・メイの言う通りである。

自分の支持しているものはもちろん、自分が何を信じているのか、あるいは自分自身の力が一体どんなものなのか。こうしたことがわからない（註30）。

リアクティブな人は「幸福を得る力をも捨ててしまう」。

自分がリアクティブな人間であると自覚した人は、今からその生き方を改める努力を始める。

「幸福を得る力をも捨て」たら、外側の環境が天国でも、今の気持ちは地獄である。

権威主義的な親に従順であることの恐ろしさはここにある。それは喜びを体験する能力を失うことである。

外側からの要求ばかりに従っている人は、日々生きるための心の支えを失っている。幸福を得る力をも捨ててしまう。

権威主義的な親に従順に従って生きるなら、レジリエンスの育成は絶望的である。

それがエリートコースを通ってうつ病になったり、最大の悲劇は自殺したりする人たちである。

自分が権威主義的な親に従順に生きてきたという自覚がある人は、何よりもレジリエンスの育成を心がけることが必要である。

肉体的には癌になれば大騒ぎをするのに、権威主義的な親に従順に生きてきた人には、心の病については、その危機意識がない。

エリートコースを進みながら、楽しそうでない人は心理的な癌はかなり進行している。

経済的、社会的に恵まれていながら、毎日がイライラしているような人は、心理的には末期癌の症状である。

権威主義的な親に育てられた恐ろしさ、服従の恐ろしさに気がついていない人は多い。

●コミュニケーション能力

学習性無気力は対処能力を奪われた心理状態である。小さい頃、親との関係で無気力を学習してしまっている。

学習性無気力がうつ病者の消極的見通しである。

成長の過程で無気力を学習してしまう人と、不屈の構えを学習する人がいる。

同じように成長の過程で、従順を学習してしまう人がいる。学習性従順とでもよべるものである。

従順はなによりも「自分が頼りなく感じる」ことである、

従順という歪んだコミュニケーションの雰囲気の中で自分は成長した。それが鬱病者を生み出す家庭の雰囲気であり、統合失調症を生み出す家庭の雰囲気である。

どういうコミュニケーションの雰囲気の中で自分は成長したか？

それがその人のコミュニケーション能力である。

やる前から「だめにきまっている」と言う。それは、自分にもともとやる気のないことを合理化しているだけである。

だめかもしれないけどやってみる。それがレジリエンスのある人である。

何かに突き当たったときにどうしたら乗り越えられるかを考えるのが対処能力である。

私たちは成長の過程でさまざまな感情を学習してくる。自由へと成長するということとは、その学習してきたさまざまな感情から自由になることである。囚われから解放されることである。

「だめに決まっている」という、うつ病者の視点からレジリエンスの視点に変える。認識を広げる。

「だめに決まっている」という悲観主義を学習してきた。

ある女性は母親から「あなたは学年一のブス」だと言われて、深く傷ついた。しかし母親の方は言ったことを忘れている。

言われた娘の立場から、言った母親の立場に、自分の視点を変えてみる。

自然なコミュニケーションのできない人は、視点を変えることができない。

母親がどの程度真剣に言ったのか、冗談で言ったことなのか、自分の心の葛藤を解決するために言った言葉なのか、コミュニケーションのできない人はそれらのことを考えられない。

傷ついた自分ではなく、その言葉を言った人の立場から考える。

「なぜこの人はこういうことを言ったのか？」

それが相手を理解するポイントである。

「なぜこの人はうつ病と言っているのか?」と、うつ病の権威アーロン・ベックは先ず考えるという。

悩んでいる人の相談で大切なのは、相談の内容そのものよりも「なぜこの人はこういう相談をするのか?」と考えることである。そうでないと答えにならない。

●不幸を受けいれる

視点を変えられないのは、自分がリアクティブだからである。

プロアクティブな人は、逆境にさいして視点を変えることができる。それがパラダイム・シフトである。

他人が自分のことをどう思うかではなく、自分が何をしたいかが問題である。レジリエンスのある人は、視点が豊富である。

ある論文の中に出てくる人である。彼は、自分の家族と距離を置きながらも、毒のある過去に対して理解のある見方を続ける。

自分の親の愚かさを、自分は繰り返さないという決断をしている。そして葛藤の解決に長けている。（註31、32）

彼の例から、自己実現している人は矛盾に耐えられるということがわかる。（註33）

この論文の著者のヒギンズは、彼のような人たちの驚くべき力を強調している。

彼らの最大の特徴は強さである。ヒギンズは、彼らは地獄で成長したから強いのだという。

地獄で成長したから強くなる人と、地獄で成長したから捻くれる人、弱くなる人がいる。その境目は何だろうか。

それは自分の不幸を受けいれるかどうかである。

自分の運命を受けいれる人は、地獄で成長したことで、それが試練となり、人よりも強くたくましい人間になった。

その不幸を受けいれる。

すると「自分は今、生きていることだけでありがたい」と感じる。

そしていつもいいことが起きる人になる。

●魔法の杖

今起きた悪いことに固執すると幸せをつかむ機会を逃してしまう。

たとえその時には悪いことであっても、対処の仕方で時間を追うごとにいいことに変わってくることがある。

ものごとは、その時の一歩から変化することを決して忘れてはいけない。

その先にどんな幸せが待っているかはわからないという判断がある人とない人では、今への対処の態度は違ってくる。

よく「あの時は本当に辛かったけれど今になってみればかえって良かった」ということがあります、という人がいる。

悪い今に絶望していると、未来にある可能性を逃してしまう。

序章に書いたように、人生は毎日がピンチ。

自分にだけ安易な方法はない。悪いことばかり起きる人の特徴は自分にだけ安易な方法を求めている。

人生に魔法の杖はないのに、自分に魔法の杖を与えてくれない人に不満になる。

それが大人になった幼児である。

魔法の杖は、麻薬である。

魔法の杖に頼ったら、その時は楽になるが地獄への道を歩いている。

自分の内なる力に頼って生きたら天国に行く。

人はいつもその時がすべてと決め、自分の不幸をなげく。

その先にどんな幸せが待っているかもわからないのに。

「いつもいいことが起きる」という考え方には、多少偏りがある。どちらが辛いか簡単に決められないし、どちらが辛いかなど議論しても意味もない。

●攻撃性をどこに向けるか

どう生きるか。

それは「攻撃性をどこにむけるか?」にかなりかかっている。

レジリエンスのある人は、おそらく親への攻撃性がない。自分の親を諦めている。親を心の中で断ち切っている。親はあまりにも愚かで攻撃性の対象にならない。

レジリエンスのある人は攻撃性が外に向いている。自分の身に降りかかってくる困難と戦う。

ヒギンズの論文に、レジリエンスのある人は困難に「かみつく」とか「飛び上がる」という言葉が出てくる。

レジリエンスのある人は健全な攻撃性を外に向けている。

逆にうつ病者は寝ている時にも健全な攻撃性を失っている。

そして最後は、攻撃性を自分に向けて自殺する。

●小さなことから

レジリエンスのある人は、今日一日を大切にする人である。

もしあなたが元気がないなら、今できると思うことをリストアップしてみよう。今日できることのリストを作る。そして一週間に一つで良いから続けよう。

リストアップすることは小さなことでよい。元気になるために大切なのは日々の小さなこと。

マッチやつまようじである。小さいけれど、必要な道具である。

小さいことでも、それがあったら便利ということは、トラクターのような大きな機械にも匹敵するほど重要になる時もある。もしかしたらそれ以上の重要性がある。

同じように小さいことを馬鹿にしてはいけない。

悩んでいる人の共通性、それは小さなことをバカにすること。

大きなことをしようとするのは、それだけ心が傷ついているから。

だから小さなことをバカにするのは分かる。でもそれをしていると死ぬまで幸せにはなれない。

ストレスでおかしくなったとき、とにかく今できることをする。

悩んでいる人は工夫をしない。もう何をするのも億劫だから。

そこで次のように今日の使い方を考えた。これは工夫のほんの一例である。

次に書くことで好きなことがあれば、それを明日も明後日も続ける。続けることで自信がつく。

晴れた日。時間があれば水を持ってスポーツシューズをはいてハイキング気分で歩く。

どこか寝そべる場所があったらそこで大の字になって寝てみよう。クローバーの上なら最高。

ハイキングの時間がなくても気持ちのいい天気なら、外に出て空に向かって背伸びをしてみる。

それだけで「幸せだなー」と感じることができる。

実際、そう感じる人だって沢山いるのだから。

休日の朝、早く目が覚めたら、朝、近所を散歩しよう。朝日に向かって、輝く光を全身に浴びよう。

そしてしばし眼をじっと閉じてたたずむ。

心に何かが湧いてくる。

●「良い子」の弱さ

ヒギンズの著作（註34）の中に、極めて厳しい環境に育ったダンという少年の話が載っている。

彼は何よりも愛情という点において恵まれない家庭に育った。

でも立派に大人に成長した。

父親はアルコール依存症で、幼児期からダンに絶えず暴力をふるった。ことに夜にウイスキーを沢山飲んだ時にはとめどない暴力をふるった。

ダンは、その暴力が父親にとって解放であり喜びであった、と言う（註35）。

おそらく父親にとって子どもを虐待する以外に生きる方法がなかったのであろう。だから殺しそうになるまで殴るが、本当には殺さない。

ダンは虐待されながら成長した。

その少年の母親は子どもが嫌いであった。母親はダンが嫌いであるばかりでなく、全て

の子どもが嫌いであった。子どもを憎んでいたという。(註36)

だから母親はダンの世話をしてくれなかった。

そこで母親は子どもを世話してくれる人を頼んだ。ところがその世話係の女性が愛情のある人で、ダンは立ち直っていく。その女性の名前がアメリアである。

母なるものを持った母親は何も現実の母親でなくてもよい。

誰か信じられる人がいればよい。いろいろな社会的問題を起こす青少年たちも、もしそういう人との出会いがあれば違ったのではないか。

つまり悲劇の真の原因は彼らの現実の母がそのような母親ではなかったということであるが、さらにその代わりをしてくれる女性に出会うこともなかったということなのである。

これほど酷い母親でなくても、母親から愛されなかった男の子は、「この種の女性を獲得しかねると、軽い不安感と抑うつ状態に陥りやすい」とフロムはいう。

ある真面目な現職警察官が女性に騙されて銀行強盗をした。四十才を過ぎるまで母なるものを持った母親の愛に接したことがない。また代理愛としての素晴らしい人に出会ったことがない。

　だから甘い言葉に騙される。小さい頃、現実の母親であるかどうかは別にして「母なるもの」を体験して、生きる支えを心の中に持っている人は、これほど愚かなことはしない。女性に騙されて銀行強盗をした現職警察官のようなことはしない。

　そうした彼らも、もともと生真面目に勤務していたがその生真面目さも「軽い不安感と抑うつ状態」(註37)から必死で逃れるための生真面目な勤務態度であった。

　たとえ愛に恵まれていなくても立派に成長したダンのように、アメリアという代理愛を体験している人は、このような愚かなことはしない。

　心の支えがあって、自分の人生の目的がしっかりとあってそれを達成するために真面目に生きている人は、このようなことをしない。

　ところが単に真面目に生きてきた「良い子」には心の支えがない。

　マズローのいう疑似成長している人には心の支えがない。

　疑似成長とは「みたされていない基本的欲求を、実際にはみたされたかそれとも存在しないかのように、みずから確信しようとする場合に、極めて一般的に生ずるものである」(註38)。

社会的に立派に見えても疑似成長している人にはレジリエンスがない。レジリエンスとは回復力であり、復元力であり、立ち直り力である。不屈力であり、愛する能力である。

先のダンという少年は、そのレジリエンスの代表的な例である。

心の支えがない場合には、内にある不満はどこでどう爆発するか分からない。

この「母なるもの」への願望が満たされていないという「良い子」の心理状態が、幼児的願望が満たされていないということである。

ダン少年は憎しみを持たない。

だからまわりに良い人が集まる。愛ある人との出会いがある。

第2章

レジリエンスがある人の現実との向き合い方

●帰ってこない夫

四十七才の女性の話である。

五年前、夫が出張で留守中に子どもが病気になった。

出張先に連絡しても連絡がつかなかった。

帰宅後に問いただしたところ、愛人のところに泊まっていたことを告白した。

相手は同じ会社の人で三十三才の女性。

発覚後、夫は離婚を望んで、外泊ばかりするようになった。

彼女は即刻、夫が夜中でもいつでも帰ってこられるように、家の中に夫の特別な場所をつくった。

この即座の行動は、いかにも表面的には彼女は現実に対応したかに見える。つまり彼女はレジリエンスのある人に見える。

レジリエンスのある人の特徴の一つは自分から動くことである、ただ幸運を待っていない。すでに述べたように、プロアクティブな反応である。

プロアクティブは起きたことに対処することである。レジリエンスのある人は、事を成り行きに任せない。

逆にレジリエンスのない人の反応の特徴はリアクティブである。

リアクティブについての定義的な説明は私の知る限りあまりないが、私の解釈では、典型的なのが、「ただ歎いている」ことである。要するに事が起きているのに何も対処しない。

彼女は即座に起きたことに対処した。レジリエンスの定義に従えば、表面的には彼女はレジリエンスのある人に見える。

しかし対処するということは逃げないということである。

対処すれば上手く対処できる時もあれば、上手く対処できないという時もある。

しかし自信はつく。

対処しないで逃げると、結果として上手く処理できても、自分は困難に対処できない人間であるという自己イメージを強化してしまう。自信を失う。

そこでいよいよ表面的な力を求める。いよいよ誇大な自己イメージを必要とする。それがカレン・ホルナイの言う神経症的自尊心である。

レジリエンスのある人は、自分の位置を知っている人である。つまり自分の力を自覚している。社会の中での自分の位置が分かっている。だからエネルギーの使い方が効率的である。

ところで今書いている四十七才の女性は「必ず帰って来ると信じていたので」と言う。しかし夫と三十三才の女性の恋愛は続き、彼女は軽いうつ病になった。

彼女のしている事を表面的に見ると、確かにレジリエンスのある人である。

しかし現実を見ると、残念ながら彼女はレジリエンスのある人ではない。うつ病になっている。

彼女のどこに問題があったのか。

プロアクティブは起きたことに対処することである。彼女はいかにもプロアクティブであるように見えるが、実は肝心なことが抜けている。現実を受けいれていない。あるいは現実と接していない。

レジリエンスの特徴の一つは起きたことに対応するといっても、その前提条件は現実と接し、その現実を受けいれていることである。

彼女は夫を憎みながらも、その憎しみを表現できない。憎しみの感情を無意識に抑圧する。そこでうつ病になる。

「夫は必ず帰って来る」という彼女の思い込みと、とっさにとった彼女の態度は何を意味するのだろうか。

表面的には完璧にレジリエンスのある人である。

レジリエンスの特徴はいろいろとあるが最後は固い信念である。

「こうなる」という楽観主義である。しかも「間違いなくこうなる」という楽観主義である。

アーロン・ベックの指摘を待つまでもなくうつ病の動機の特徴は否定的予測である。(註39)

「だめに決まっている」といううつ病者の否定的予測と、「必ずできる」というレジリエンスのある人の楽観主義的予測の違いは決定的である。

ともにそこには合理的な根拠はない。

うつ病者が「だめに決まっている」と言うところで、「できるわよ、必ずできる、間違いない」とレジリエンスのある人は言う。

彼女は、夫は戻ってくると「信じた」のである。

問題は彼女が「自分は夫を失った」という現実を受けいれることを拒否したことである。実は彼女の現実否認はレジリエンスのある人の逆の姿勢である。

辛い現実から生じる心の苦痛を回避するために彼女は「夫が帰って来る」と、とっさに「信じた」。

彼女は「信じた」と言うが、実は信じたのではない。「信じたかった」だけである。

彼女は辛い現実を受けいれることを拒否した。彼女は夫に対する今までの見方を変えない。彼女は今までの夫のイメージに執着する。過去との決別がない。

心が新しい情報に開かれていない。

ハーヴァード大学の心理学のエレン・ランガー教授の言葉を使えばマインドレスネスである。

彼女は夫を失った悲しみを深く味わうことで再生できるのに、その悲哀を体験することを回避した。月なみな言葉で言えば対象喪失の悲哀の仕事を完遂しなかった。

「必ず帰って来る」という思い込みは、「帰ってきて欲しい」という彼女の心の願望を外化しているだけである。現実の夫を通して、自分の心の中の願望を見ているだけである。

彼女が見ているのは現実の夫の行動ではない。彼女が見ているのは夫を通した自分の願望である。つまり彼女は現実から幻想の世界に逃げ込んだだけである。

レジリエンスのある人は、事を成り行きに任せない。

現実を認めて、そのうえで心が回復する。

レジリエンスの条件は現実を受けいれることである。

現実否認はレジリエンスの否定である。

現実の不幸を受けいれない。

不幸を受けいれる人がレジリエンスのある人である。

逆境に強い人はレジリエンスのある人である。

●現実との接触

レジリエンスのある人の特徴の最後は固い信念である。しかしそれには現実との接触が前提条件である。彼女の場合は現実と接触していない。

集団自殺したヘブンズ・ゲイトと同じである。アメリカで集団自殺したヘブンズ・ゲイトというカルト集団は、自殺するのは自分たちでなく、地球にのこる「皆の方だ」と主張した。

完全な現実否認である。彼らは幻想の中で生きている。

実は「現実と接触していない」というのが悩んでいる人の共通性の一つであると私は思っている。

たとえば自分と相手との関係を自分が一人で勝手に決めてしまう。

現実と接触している人は相手との関係はお互いが決める。お互いに友達と認識するから友達である。

たとえばナルシシスト、あるいはもっと一般的にいうと、悩んでいる人は「あの人と友達になりたい」と思うと、その願望を外化して、相手と関係なく「あの人は、私の友達」になってしまう。

「夫が帰ってきてほしい」と願うと、その心の願望を外化して、相手の気持ちと関係なく

「あの人は帰ってくる」になってしまう。

常に現実は関係ない。あるのは常に自分の心の中での動きである。その心の中の動きを現実と認識してしまう。

彼女は夫を全面的に信頼してきた。しかしそれは現実の夫を見て、全面的に信頼してきたのではない。夫を全面的に信頼することでしか自分を維持できないから全面的に信頼してきただけである。

現実の夫を見て信頼したのではない。「信頼したい」という自分の願望を現実の夫を通して見ていただけである。

要するに彼女は依存心の塊であった。正直に自分の心を見つめれば、とっくに夫に幻滅していたかもしれない。

依存心とはまた欲張りの別名でもある。依存心が強ければ強いほど、どうしても相手に対する期待も大きくなる。要求も大きくなる。その期待や要求がかなえられなければ怒り落胆する。つまり依存心が強ければどうしても欲張りにならざるをえない。

●自己欺瞞

彼女は、本当は夫に怒っている。本当の感情は夫への怒りである。しかしこの怒りの感情は彼女の存在にとって危険である。結婚生活の破綻につながる可能性がある。

彼女は結婚生活という「かたち」を維持したい。それが自分の心の支えであるから。結婚生活で彼女は自分という存在を確認できていた。

レジリエンスのある人は「心の支え」を持っている。彼女は心の支えがなくて、結婚という「かたち」で自分を維持している。

自己確認のための願望と夫への怒りの感情が激突する。彼女は、感情的ににっちもさっちもいかない。

どちらを選ぶか。

人は不安より不愉快や不満を選ぶ。

弱い人は不愉快には耐えられるけれど、不安には耐えられない。

不安を避けるためなら不快になってもいい。不快より不安の方がはるかに強い感情である。不安でなければ不幸であることなどなんでもない。

幸せになりたければ、「不倫、止めてほしい」とはっきり言うしかない。これはレジリエンスのある行動である。

人は覚悟している時は行動する。覚悟しないで話し合いをしても意味がない。

彼女にとって、夫への憎しみという真実は余りにも耐えがたい。

そこで彼女は夫に怒りを向けることを回避する。そのために自己欺瞞を選ぶ。ヘブンズ・ゲイトの人々も皆自己欺瞞である。

実はこの自己欺瞞こそレジリエンスを破壊するものであるというのが、半世紀にわたって、多数の悩んでいる人と接してきた私の考えである。

つまり彼女は「私は夫を憎んでいない」と意識する。夫への怒りは無意識に追いやられる。彼女は本当の感情を隠して仮面をかぶって生活を始める。

彼女は仮面をかぶっていることを意識しないで仮面をかぶっている。

仮面をかぶっていることを意識していれば、まだ問題は深刻でない。

仮面をかぶっているのに、本人はかぶっていないと思っている。そういう人は何をしてもそこにレジリエンスを期待できない。

夫への怒りを無意識に追いやったからといって、夫への怒りは彼女の心の中でなくなっていない。

仮面をかぶるとレジリエンスは失われる。

「心は上の空」という言い方がある。仮面をかぶっているのに、かぶっていないと思っているときには何をしていても「心は上の空」である。

何を言っても「心は上の空」である。その人が本当に感じている事を言っていない。そもそも深刻な抑圧がある時には、「本当に感じる」ことはない。

何を言っても、しみじみと感じて、何かを言うということがない。従って何を言っても心は相手に伝わらない。心がないのだから。

そこで彼女はこの自分の無意識にある憎しみに、自分の気持ちを支配されてしまう。無意識にある感情は密かにその人を支配する。

この抑圧という防衛機制こそ、人がレジリエンスのある人になれない最大の原因である。

意識では忘れていても、忘れたはずのことが秘密裏にその人を支配している。

抑圧された感情は、繰り返し繰り返し秘密裏に表れてその人を過去に連れ戻す。

●感情の抑圧

「一番下の息子が高校を卒業するまでは父親の責任だから、籍はそのままにしておく」と夫は言う。

この夫は人からの責任追及を逃れ、罪の意識を逃避するずるい男だが、彼女は「すごくいい父親」という。

これも現実の彼を見ていない。「すごくいい父親」であってほしいという自分の願望である。自分の願望を、夫を通して見る外化の恐ろしさである。

主人が愛人の家に泊まりに行くときには、彼女は結婚している娘のところに行く。月に二回である。

しかし遂に彼女も入院した。周囲の人は更年期と思った。

レジリエンスのある人であれば、夫の恋愛が分かって、衝撃を受け、怒り、悲しみ、その後再生へ向けて動き出す。

ことにレジリエンスのある人は、この失望の体験から学ぶ。失望の体験にさえ、そこから積極的な意味を見いだす。(註40)

レジリエンスのある人は情緒的失望にもかかわらず、積極的なビジョンを作り上げる。

レジリエンスのある人はここでも失望という現実にリアクティブな態度にならない。むしろプロアクティブに困難を乗り越えようとする。つまり柔軟に問題を解決しようとする。

レジリエンスのある人はどう考えるか。

愛人がいると分かったことがすでに、現実の問題を解決する準備ができたということである。今までの現実は、実は「こうだ」と知らなかったということである。そのことの方が、問題解決から遠い。

柔軟な態度でリアクティブに解決するということは、どういうことか。「準備ができた」と認識し、助けを必要とする時には、周囲の人から助けを求める。

困ったときに必要な助けを効果的に得る。(註41)

これもレジリエンスの特徴である。

さらにもう一つある。

葛藤する問題を解決する決断に長けている。（註42）柔軟な態度で問題を解決する。

この四十七才の女性は問題を解決する決断をしなかった。そしてうつ病になった。

何よりも夫への怒りを抑圧したことがこのうつ病の原因であろう。

自分の感情を自分に隠すとどんなに表面的な人間関係が多くても孤独になる。誰とも心がふれあえなくなる。

そう考えるとレジリエンスのある人の「葛藤する問題を解決する決断に長けている」ということは生きるためには大変な能力である。

抑圧すれば、自己不適格感が生じる。自分を不確かに感じる。

抑圧するということは「実際の自分」と違った自分を「本当の自分」と思い込もうとすることである。

「実際の自分」と今の自分が違う以上、心の底のそのまた底では「このままではいけない」という感情が生じてくる。その無意識の領域にある感情にその人の気持ちは密かに支配されている。

当然焦りは出る。「このままの自分ではいけない」と無意識で感じているのだから、何とかしなければという焦りは生じて不思議ではない。

分かっているのに、分かっていないという不思議な感覚である。それは夢にも現れる。次のような夢を見る。

つまり行く目的地は分かっている。でもどうしてもそこにいけない。目的地に行く道は分かっているはずなのに、なぜか分かっていない。なぜか目的地につけない。

自分がどこにいるか分からない。それは自分の人生の目的を喪失しているからである。「実際の自分」と違った自分を自分と思っていれば、本当の自分の人生の目的は分からない。

よく知っているはずの「ある場所」に行こうとするが、どうしても行けない。行こうと思うのだけども、なぜかいけない。

早く行かなければと焦る。間に合わないと焦る。そういう夢を見る。

自分が自分自身を閉じ込める。退屈な人間になる。

それで定年になって「趣味を持て」といわれても無理である。

それで幸せになるためには「良い人間関係を持て」といわれても無理である。

それは全てがイヤなのに、「私は幸せ」と思っている心理状態である。抑圧の結果生じる空しさ、孤独感もまた抑圧する。

抑圧とは自己疎外になること。「本当の自分」とは違う「実際の自分」が生きているのだから、本人は何か変であるという感じを持つ。

自分が自分にとって遠くなる。

●抑圧のツケ

その逆にレジリエンスのある人は、常に高い自己評価を達成している。(註43)
それは本当の感情から逃げていないからである。
ヒギンズの著作(註44)には「高い自己評価」を achieving 達成すると書いてある。成し遂げるのである。
カルト集団のヘブンズ・ゲイトのように、現実を自分に都合良く歪めて解釈するのではない。

現実を都合良く歪めて解釈するのでは「高い自己評価」はえられない。そうした心の姿勢ではレジリエンスを育成はできない。

先に書いたように、この夫は人からの責任追及を逃れ、罪の意識を逃避するずるい男だが、彼女は「すごくいい父親」という。

これも外化である。

「すごくいい父親」と思いたいということである。その心の中の願望を現実の夫を通して見ているだけである。現実の夫を見ていない。

抑圧は悲しい事実を否定することである。

願望と事実が違ったときに、願望に従う。

しかし抑圧されたものは変装して表れる。

ウェインバーグという偉大な精神科医の本には、「人が自発的に抑圧を実行した時、いかなる絶縁が行われようとも、それと引き替えに結果が出ます。人格には影響が生じます」とある。(註45、46)

抑圧のある人は、今の現実と関係なく、幻想の中で生きている。存在感喪失症状である。

隠された怒りがあると、夕陽がキレイではない。食べ物は美味しくない。存在感喪失症状である。

抑圧とは心理的に未解決な問題を持ったということである。必ず「つけ」が回ってくる。

抑圧とは現実から逃げる重要な方法である。

●情緒的な有効性の獲得

要するにレジリエンスのある人は、現実から逃げない。そして何を経験しても「良かったじゃない」と解釈する。そう感情的に過去の経験を肯定する。

良い思い出をいつまでも大切にする。

決して過去の経験を否定しない。それがあって今日の自分があると解釈する。

転んでもただでは起きない。

彼らは、出会ういかなる経験からも、情緒的な有効性を獲得する。どのような経験であれ、自分の経験から多くの情緒的なものを獲得する。(註47)

もし彼女がレジリエンスのある人なら、最後には「あの離婚のおかげで今日の幸せをつかめた」という日が来ることを信じる。そしてその日は来る。

逃げた彼女は、幸せになるのではなくうつ病になった。

レジリエンスの条件の最後は、固い信念である。

決して「夫が帰ってくることを信じる」のではない。

「夫が帰ってくることを信じる」のは、幻想の中で生き始めるということである。

彼女は自分を頼らないで、偶然の幸運や、人に頼った。誰かが解決してくれるのを待った。

レジリエンスのある人は、自分を頼る固い決意をする。そして他者と協力していかれる。(註48)

レジリエンスのある人は、とにかく心の支えがある。なぜなら彼らは地獄で鍛えられているからである。(註49)

地獄で生まれたことをマイナスの体験にしない。地獄で生きたからこそ、強力な心の力を育成できた。

過酷な過去を持った人は、どうしても人に親切になりにくい。周囲の世界を敵と見なしてしまいがちである。それは当たり前のことと思われる。

ところがレジリエンスのある人は、人よりも親切であり、礼儀正しく上品である。これはなかなかできない。

レジリエンスのある人は人よりも残酷になって良い理由は十分あるのであるが、それが逆に、そうはならない。

だからこそ良い人間関係ができるのだろうし、良い出会いもあるのだろう。(註50)

●自分の弱点

彼らの特性は、生まれつきのことと思われるかもしれないが、でも彼らはそれを学習することができたし、それを増進させることができた。(註51)

彼らは普通以上に心理的に強いが、彼らは皆人間としての弱点を持っていることを認め

ている。その弱点は正常な範囲内である。彼らは、他人に対してより、自分に対してトラブルを抱えている。(註52)

彼らが良い人間関係ができるのは、また「人間としての弱点を持っていることを認めている」からであろう。なかなか良い人間関係ができない人は、自分の弱点を認めていない。自分の弱点を認めていない人は、頑張るが、結果は悪い。

人以上に頑張って、結果は燃え尽きる。燃え尽き症候群の人は「弱点を隠すのがうまい」と『燃え尽き症候群』の著者ダン・カイリーが言っている。

彼らがいかにして不死鳥のように蘇るかの神秘を理解できていない。(註53)

精神病理学的に高い危険のある集団でこの「復元力」が起きる。10％の人が回復力を持っている。(註54)

心理的に病んでいる親から生まれた子どもが非凡な才能を示す例がある。(註55)

慢性的不和の異常な家族、恒常的貧困等々の中に、そうした人の例は多い。

すでに触れたダンなどは、父親がアルコール依存症、暴力をふるう、母親はうつ病者。

それでも友人がいる。(註56)

私自身何人かのレジリエンスのある人を知っている。

またレジリエンスの講演をした後で、「私は、今日の先生の講演に出てくる人と同じです」という人にも出会った。

彼らは厳しい過去を持っている、しかしそのことを隠さない。

その素直さが親戚の叔母さん等から可愛がられた理由であろう。

精神分析論的に言えば、彼らは自我の未確立でおかしくない。自我の確立する環境にはない。

しかし彼らは自我の確立を果たし、自らを成長させていく。（註57）

●ここより良い場所

先にふれたうつ病になった女性は、一見レジリエンスのある人のようであるが、逆である。

遭遇した困難を前に向かって乗り切ろうとしていない。

レジリエンスのある人は、前に向かって乗り切る。

その例を見てみよう。
シーボンという女性が、ヒギンズの著作に出てくる。
次の言葉はシーボンの言った言葉の趣旨である。

私は起きていることをコントロールできない。しかしここから逃れられると信じた。私は私自身をケアーできるところに行ける。そしてそこでは誰も私を傷つけない。私は敗れたと感じた。でもそこから出られる。(註58)

シーボンは、どこかここより良い場所がある。彼女はそう信じたのである。(註59)
そう信じられるから、彼女は積極的にそういう場所を探す。積極的にそういう人を探す。愛してくれない母親に代わる人を探す。代理愛を探す。(註60)
彼女は、もっと良い場所があると信じた。そこがポイントである。今自分は酷い場所にいる。でもこの世界には、自分にとって今よりももっと素晴らしい場所があるのだと信じた。

父親は統合失調症、母親は自分のことを拒否している。

それでもシーボンは、自分が生きるのに良い場所を探した。そして母親代わりの叔母さんを探した。代理母である。

シーボンは、自分はいつも良い場所を探していたと思うと言う。いつも積極的なものを探した。(註61)

もしその良いものが家で見つからなければ、他の方法を探した。今とは違った道を探した。(註62)

そしてそれを今の場所に見つけられないときには、他を探した。

彼女は人に声をかける。「ゴミを運びましょうか?」でも良いし、「犬の散歩をしましょうか?」でもよい。(註63)

彼女は、自分の野蛮な母親がいないところに自分の心を捧げた。(註64)

普通は、どうしても傲慢な親に気を奪われてしまう。そこがレジリエンスの偉大なところである。

シーボンは自分を犠牲者とは見なさなかった。(註65)

常に前に向かって乗り切る態度。問題を解決するときの柔軟性の態度。それが彼女の人生を生きる態度である。

●前に進む活動

前に向かって行動する。それは問題を解決するための行動である。解決の意志がある。文句を言うための自己憐憫には解決の意志がない。

人はいつでも「ああ、嫌なやつに会っちゃった」と思うことがある。

レジリエンスのある人は、このことは「自分に何を教えているのか?」と考える。そして今後、「あの人」に会わないように準備をしようとする。

これが前に進む活動である。逆境に強い人である。

「あー何で私は運が悪いのだろう」と嘆く。これが反応的態度である。嘆いているだけで前に進めない。逆境に弱い人である。

●非言語的メッセージ

レジリエンスのある人は何よりも人を見抜く力がある。

逆境に強い人であるなら、このようなタイプの上司は「ああ、この人いやだ！」という直感が働く。

あるいは「この人危険、気をつけよう」と注意する。

そういう勘の鋭さが逆境に強い人の真骨頂である。

言語的メッセージと非言語的メッセージが矛盾したときには、真実は非言語的メッセージにあるという。

意識と無意識が乖離したときには、真実は無意識にある。

その言語的メッセージに隠されている非言語的メッセージの内容を見抜く、相手の無意識を直感で見抜くのが、逆境に強い人である。レジリエンスのある人である。

心に葛藤がある人は、言葉に囚われる。言葉の裏に隠されている非言語的メッセージの内容を見抜くことができない。

いつも悩んでいるだけの人は心理的に未解決な問題が溜まっている。心の中に抑圧された感情が溜まっている。

肉体的にいえば内臓脂肪が溜まっているようなものである。

心に問題を抱えていることが外から見ると分からない。社会的にはうまく適応している。社会的には問題の人には見えない。

肉体的に「隠れ肥満」という言葉がある。

肉体的、心理的に変調をきたした人は、無意識に蓄積された怒りが、その今の出来事に反応しているのである。

何かあるとすぐに不愉快になったり、傷ついたり、イライラしたり、落ち込んだりする。そしてその不愉快な感情からなかなか抜けられない。

そういう人は今に反応しているのではない。その人の過去の心理的に未解決な問題が、今起きていることに反応したのである。

蓄積されてきた感情的記憶が、今起きたその出来事に反応した。

神経症的傾向の強い人は現在に生きていない。

●立派な行為の奥の心理

マズローは自己実現している人は矛盾に耐えられるという。そういうことは自己実現している人は、辛い現実に遭遇しても抑圧をしなくても済むことが多いということである。

先ほどから書いている四十七才の女性について考えてみたい。

厳しい言い方であるが、彼女は自己実現している人ではない。そもそも、夫に愛人ができる前から彼女の生き方には問題があった。

落ち込んでいる人は時にもの凄い憎しみや怒りを抑圧している。心の底では周囲の世界を激しく責めている。

従って相手に何か責められるものを見つければ激しく責め立てる。攻撃性の置き換えである。

一見立派そうに見える行為の奥にある心理的脆さこそ、長い人生でその人を挫折へと導くものなのである。人は強いからこそ別離に際して悲しむのである。弱い人は別離そのものを否定することがある。

彼女が最後にポツリと言った。

「別れたくないだけ、あの女に渡したくないだけ」

これを認めたことで、彼女は再生への道を切り拓いた。まさに彼女の回復力である。いつか「あんな卑怯な男と別れてよかった」と思うに違いない。

おそらく彼女は人生の最後で、自分の人生で最も素晴らしい出来事は、あの人と別れたことだと思うに違いない。

自らの死が見えてきたときに「あの人から捨てられたことが人生最良のことであった」と思うに違いない。「あれが道を切り拓くということなのだ」と感じるに違いない。

道を切り拓くときは誰でも必死である。「別れたくないだけ、あの女に渡したくないだけ」と自分に正直になった時が、道を切り拓いたときである。これが、レジリエンスがうまれ、発揮されたときである。

道を切り拓いたと言っても、それから先の人生は安楽だというものではない。苦難に満ちている。

それからは長い苦難の人生が続く。しかし老後になった時、その長い苦難の時期が、今の幸せを築いていた時期だったと理解できる。

●過去を消化する

演歌に出てくるような「今も信じて耐えてる私」という歌詞は、まさに対象喪失を受けいれられない人の台詞なのである。道を切り拓けないでいる苦悶である。

「今も信じて耐えてる私」とは「今も逃げて、現実を見ない私」である。輝くような人生を自ら拒否している私である。

この女性だって、うつ病にならないで、ほかの箇所で話した、「光りに向かって走っているようで、先が輝いていた」ように感じることができる。

逃げる口実を見つけないで、現実に直面していく。そして現実に直面することを通して苦しむ。

その苦しみこそが「光りに向かって走っているようで、先が輝いていた」ことにつながるのである。

そのためには本気の決意がなければならない。

現実をごまかして、ごまかして、自分を欺いて、欺いて生きている限り、「光りに向かって走っているような気持ち」になることはない。

もちろんうつ病になった女性を「決意できない女性」とかたづけるのは簡単である。この女性が「決意できない女性」になって、うつ病になるにはうつ病になるだけの理由がある。

ウィニコットはindividualsではなくembeddualsという言葉を使っている。Embedとは埋め込まれたことである。その人の心の中に、養育者が埋め込まれている。(註66)卑怯な親、ずるい親が心の中に埋め込まれたままで大人になっている人は多い。自分が埋め込んだのではない。「埋め込まれた」のである。

したがってレジリエンスのない人は過去に生きる。

レジリエンスのある人は、現在に生きる。過去に生きない。

レジリエンスのある人は今日をつかむ。They seize the day. という表現である。(註67)

レジリエンスのある人は過去に囚われない。

今日をつかまなければ、過去に捕まえられる。

レジリエンスのある人は過去を忘れるのではない。過去は忘れようとして忘れられるようなものではない。

忘れるのではなく、先ず過去を正しく理解する。自分の過去は今の自分にどのような影響を与えたのかを理解する。それが過去を消化するということである。

それをよりよい形で今に生かす。これからの自分の成長に生かす。それが過去を消化するということである。

決して過去の経験を否定しない。

「あの過去があって今の自分がある」、過去の経験を肯定的に見る。

それがあって、今日の自分があると解釈する。これがレジリエンスのある人のものの見方である。

転んでもただでは起きない。

●不安の消極的解決

問題の女性の話に戻る。

「一番下の息子が高校を卒業するまで父親の責任だから籍はそのままにしておく」と夫は

言う。この夫は人からの責任追及を逃れ、罪の意識を逃避するずるい男だが、彼女は「すごくいい父親」と言う。

これも、先に書いたように現実の彼を見ていない。「すごくいい父親であって欲しい」という自分の願望である。これも外化であることはすでに述べた。

彼女は夫が「すごくいい父親と思いたい」ということである。その心の中の願望を現実の夫を通して見ているだけである。現実の夫を見ていない。

彼女の対応はいかにもレジリエンスのある人であるように見えるが、実は彼女の態度は単にロロ・メイの言う消極的不安回避の態度である。

自分の人生が楽なように、楽なように、現実を歪めて解釈していく。無意識の領域を意識しないように現実をみていく。

不安の消極的解決で、栄光にしがみつくことで自分の心の葛藤を解決しようとしている人もいる。

こういう人は、レジリエンスのある人としがみついているものが違う。

レジリエンスのある人は「自分の中にあるものにしがみついた」からエネルギッシュな

人であった。

無気力になる人は、栄光にしがみついた。理想の自我像にしがみついた。栄光に代理母を求めた。しかし栄光は代理母の役割を果たさない。栄光はマザコン夫の妻の役割であり、愛人の役割である。その男性の成長を促さない。栄光を「求めた」というよりも、不安から「逃げた」ということである。不安の消極的回避である。

彼らは真面目に頑張ったが、動機は強迫的名声追求であった。つまり不安と劣等感からの頑張りであった。強迫的名声追求は神経症的解決である。

彼らは好きなことを追い求めたのではなく、劣等感から名声を求めた。

「私の努力は自分の個性ではない、自発性ではない」と認めることが素直さである。レジリエンスである。

人はなぜ素直になれないのか？

自己栄光化は包括的神経症的解決だとカレン・ホルナイは言う。つまり人生の諸問題の何もかも全てを解決してくれる解決法である。

その自己栄光化にも挫折した人が居る。それがエリートの自殺であろう。

包括的解決と言われる強迫的名声追求にも挫折した。

それらは全て現実逃避である。

従って自己栄光化に成功しても問題の真の解決にはならない。悩みの本当の解決にはならない。

努力すればするほど弱い人になる。

●困難にかみつく

レジリエンスのある人は、外化をしない。

レジリエンスとは決してロロ・メイの言う「不安回避の方法」ではない。「不安回避の否定的方法に見られる共通分母といったものは、認識と活動領域を縮小するということであることがわかろう」(註68)。

四十七才の彼女はレジリエンスのある人のように見えるが、現実に立ち向かって対処したのではなく、現実逃避をしただけである。

レジリエンスのある人とは、成長への重要な挑戦を乗り越えることができる人である。
そして成長し続ける人である。現実逃避をする人ではない。
つまり自分が成長するに従って直面する重要な成長の仕事を完遂するために常に、困難にかみつく。そして困難から急速に回復する。
もとの英語で言えば、それはSnap buckである。（註69）
彼女は困難にかみつかない。だから困難から回復しない。困難にかみつかないから困難に負けてしまった。軽症うつ病になってしまった。
他の著者はbounce buckと言っている。この跳ね返る事が情緒的レジリエンス“Emotional Resiliency”でありメンタルタフネスの核の部分であるという。
そしてこういう人たちは、心が今に生きている。精神が集中している。心が、今しているることに集中している。（註70）
同じ著者はSummon upという言葉も使っている。奮い起こすことである。
それは凄いストレスの環境の中で積極的感情を奮い起こす能力である。（註71）
今取り上げている女性の場合、夫は有責配偶者である。彼女は離婚しようとすればいつでも離婚できる。しかし彼女は夫に愛人がいると分かった瞬間、衝撃も、怒りも、悲しみもとばして「信じた」。

つまり先に述べた外化という防衛機制が働いた。

そしてこのように正常な心理過程を回避したことで、時が経ってその「ツケ」が来て入退院を繰り返す軽症うつ病になったのである。

レジリエンスのある人は、ただ生き延びる人とは違う。単に困難をやり過ごすのではなく、危機一髪のところで内的平衡を維持する。

レジリエンスとは情緒的困難を乗り越えるということ以上のものを指している。

それは成長の積極的過程を捉えている。

困難を乗り越えるだけでなく、さらに成長を続けるということである。困難を乗り越えて、それを成長の糧にして、成長し続けることができる。これがレジリエンスである。(註72)

人は誰でも傷つく。しかしレジリエンスのある人は、それに負けない。傷ついても傷に征服されない。

それは傷ついても、それを成長の積極的過程と捉えている。

そして愛する能力を維持している。

普通の人は、傷ついて憎しみをもち、復讐心から人生の貴重な時間を無駄にする。

●現実に直面して生きる

先にも書いたように、何よりも夫への怒りを抑圧したことがこの女性の軽症うつ病の原因であろう。ウェインバーグは、「人が自発的に抑圧を実行した時、いかなる絶縁が行われようとも、それと引き替えに結果が出ます。人格には影響が生じます」と言っている。(註73、74)

レジリエンスのない人は、今の現実と関係なく、幻想の中で生きている。

先にも書いたように彼女が最後にポツリと言った言葉がレジリエンスである。

「別れたくないだけ、あの女に渡したくないだけ」。

この、認めたくない「自分の現実」を認めたことで、彼女の中にレジリエンスが生まれた。

「まったく自分に正直になることは、人間のなし得るまさに最善の労作である」とフロイドは言う。(註75)

フロイドの言うように最善の生き方というのは、それがレジリエンスを生み出すからである。自分に正直になる以外に、レジリエンスを生み出す方法はない。

逆に言えば抑圧という土壌ではレジリエンスは生まれてこない。

現実を受けいれた彼女は離婚に向かって動き出す。

いつか「あんな卑怯な男と別れて良かった」と思う時が来るに違いない。

これが彼女の中にレジリエンスが生まれたときである。同時に自己肯定感が生まれるときである。

レジリエンスのある人とレジリエンスのない人では経験の時間的枠組みが違う。レジリエンスのある人は、今の経験を長い人生の時間のなかで位置づける。

現実から逃げる口実を見つけないで現実に直面していく。そして現実に直面することを通して苦しむ。

その苦しみこそが成長し続けることにつながるのである。

レジリエンスのある人は傷ついても征服されない人である。

●ナルシシスト

神経症になった、別の女性の話である。

「夫が怠け者だから、私は離婚をした」という。それはウソ。怠け者は離婚の口実。自分の離婚を正当化する口実である。

別の女性は「夫に借金があるから離婚をした」という。これもウソ。これも口実。

「私は夫を嫌いだから離婚した」と認めれば、彼女たちは先に進める。

私は夫を嫌いだから離婚した、娘と別れた、それを認めれば、神経症は治り、先に進める。

現実を認める。現実を受けいれる。そこでレジリエンスが生じる。レジリエンスが育成される。逆境に耐える力が生まれてくる。

夫が怠け者だから離婚したと言い張っている限りレジリエンスは生まれてこない。人生の苦しみから立ち直れない。神経症は治らない。

現実否認はレジリエンスの敵である。だからナルシシストにはレジリエンスがない。ナルシシストは逆境に耐えられない。

私は夫を嫌いだから離婚したということを認め、その過去を受けいれる。そこで自分を責めない。そこを新しい人生のスタートにする。

世の中には「夫は怠け者だから離婚した」とか「夫はアルコール依存症だから離婚した」とか自分の離婚理由を正当化する人がいる。それだけではなく、単に問題を解決しようとしているように見せるために「格好をつける」だけの人もいる。

市場型パーソナリティーの人で、「そのように見えること」が大切な人たちである。

たとえば離婚の相談に来た人に、いろいろなことを聞いた後で「離婚したら」と言えば、ただちに「子どもがいるから、経済的困窮に耐えられないから」と離婚できない理由を延々と話し始める。

始めから問題解決の意志はない。意志がある「ように」周囲の人にも、自分にも「見せている」。

レジリエンスのある人とレジリエンスのない人との決定的な違いは、「そう見せていること」と「実際そうである」ことの違いである。

レジリエンスのある人は本気である。決意は真剣な決意である。

またレジリエンスのない人は悩み相談という形で相手に絡んでいるだけである。相談というかたちで、相手と関係を持とうとしているのである。

周囲の人も最初は相談に乗るが、次第に嫌気がさして逃げ出す。

自分が困ったときに、この困難は誰に関係があるわけでもなく、自分自身にだけ関係があるのだと理解できている人がいる。レジリエンスのある人である。

またそういう人にはそれに真剣に相談に乗る人も出てくる。そういう自己中心的でない人だからこそ、それを助ける人もあらわれる。

悩んでいる人はよく「誰も私を助けてくれない」と、周囲の人を非難する。周囲の人から始まって人間一般を非難する。

しかし自分が周囲の人をそのように追いやってしまっているということには気がつかない。

つまり悩んでいる人は、自分は相手が嫌がることをしているのだというようには理解できない。

●過去の自分

悩んで私のところに来る人は「私の周囲にいる人は、皆冷たい」と非難するが、そうではない。自分が相手をそう追いやっている面がある。

周囲の人が冷たいのではない、その人が余りにも本気の決意がないので、周囲の人が悲鳴を上げて逃げてしまったのである。

本気の決意がある人は現実と接している。現実逃避をしない。だから助ける人が現れる。

私の考えるレジリエンスの生じる条件は、現実と接し現実を認めることであるが、それは自分の過去を受けいれるということでもある。

自分の過去を否定している限りレジリエンスは生まれてこない。なぜ自分の過去を否定するのか、それは「自分のやましさを正当化するため」である。

日常用語で言えば「格好をつけている」からである。

正確な言葉を使えば、自我価値の剥奪を怖れて自我防衛をしているだけである。

こうして消極的な不安回避をしていれば、その人はロロ・メイの言うごとく自我の統合性を失う。つまり意識と無意識の乖離が起きている。その結果コミュニケーション能力を失う。良い人間関係ができない。

逆に言えばレジリエンスの能力とは、コミュニケーション能力であり、厳しい現実の中でも自分の自我の統合性を失わないということである。

小さい頃権威主義的な親に迎合すれば、そこでレジリエンスの芽は摘み取られる。心に手錠をかけられてしまう。

失われたレジリエンスの回復のプロセスとしては、自分のレジリエンスの芽が摘み取られているということを認め、その過程を探る。どのようにして自分の心は牢獄に入れられていったのかという過程を考える。

そしてその過去を受けいれることである。

過去を受けいれるということは、過去の自分を受けいれるということである。過去の自分を非難することではない。

過去を受けいれることで前向きな心の姿勢が生じる。つまりレジリエンスが生じる。

●イヤな人

別の例である。

悩んでいる人は二十九才の既婚女性である。夫は三十五才。

子どもは三人いる。

彼女が三才の時に、母親と父親は離婚した。

ただ離婚する以前から、彼女は父親と会っていない。

母親は彼女を父親に会わせない。

母親は「父親には借金があった」と言う。

彼女に父親を会わせないのは、「会うと父親が彼女にお金をせびるのではないかと心配だからだ」と母親は言う。

母親は父親に恨みがあって、娘に会わせたくない。

最近彼女は母親と仲がよくない。

そして「母親とも会わない方がよいな」と思いだした。

彼女は親の愛を断念して、親とは余りあわなくする。

これが、最初に述べたプロアクティブである。

断念も行為である。フランクルは最大の行為だという。

親の愛を断念して、親とは余り会わないようにする。

これはプロアクティブである。レジリエンスである。

彼女は母親に近づかない。

この人は産んでくれただけの人。きっぱりと線引きをして母親を見る。

家族以外にも心の温かい人がいる。ここがレジリエンスである。「ここしかない」と思わない。ここになければ「あるところに行く」、それがレジリエンスである。

人がいなければ本を読めばよい。

レジリエンスのある彼女はイヤな人と関わらないようにしている。

イヤな人は、ほっておく。追求しない。批判もしない。これは彼女の能動性である。受け身の人はリアクティブである。ほっておけない。

母親とは「関係ない！」と本当に思えるようになりましたと彼女は言う。

この女性は事態を正しく捉えている。

レジリエンスの育成で大切なことは、自分が出会った困難の本質を理解することである。

悩みの本質を見抜けなければ、対処はできない。

その悩みが何であるかを理解することが第一である。

些細な悩みでも疲れていると凄いことに感じてしまう。

冷静に悩みの本質を見抜けなければ元気に生きていけない。

●世間を気にしない

彼女は若くに結婚して生活が苦しいが、周りと自分の家を比べない。

小さい頃から家族がいる家庭がうらやましかった。

そして早く結婚した。子どもも早く欲しかった。

そして今毎日が充実している。

しかし父親と一緒の時の写真がない。

母親は父親の借金で苦労している。母親の気持ちもよく分かる。

彼女は経済的にも愛情の面でも恵まれていない環境で成長した。「にもかかわらず」彼女は見事な成長を遂げた。彼女はまさにレジリエンスの実例である。

レジリエンスの定義は、今のところ、小さい頃の経験から想像されるよりははるかに心理的に望ましく機能することである。まだスタンダードな定義はない。

精神病理的に高いリスクに成長した人の一〇％でレジリエンスは起きる。

ただレジリエンスの定義がそれぞれ違うので、正確にはいえない(註76)。

まず彼女には世間を見返すという気持ちがない。それがあったら世間に見せつける幸せを求める。そして本当には幸せにはなれないだろう。

彼女は負けず嫌いだが、世間に対しての気持ちは薄い。世間からの賛美を得るために頑張ったのではない。彼女にとって世間がどう見るかが重要なことではない。

彼女は、一緒に映っている写真ではないが、父親の写真を持っている。

そして「時期が来れば会える」と思っている。希望は心を支える。

自分を捨てた父親に憎しみの感情だけであったら写真を持っていない。彼女は幸せの形を父親に見せたい。

レジリエンスのある人たちはどのような経験であれ、出会う経験から、望ましい情緒的な有効性を獲得する。(註77)

要するにレジリエンスのある人は何を経験しても「良かったじゃない」と解釈する。そのように過去の経験を感情的に肯定する。

●心の砦

子どもが「学校に行きたくない」と言う。レジリエンスのない親は凄いことが起きたと思ってしまう。

レジリエンスのある親は驚かない。子どもの心に「補充するものは何か?」と考えればよい。情緒的なものの補給をどうしたら良いかと考える。

「なぜこの子は不登校になったのか?」と考える。

レジリエンスのある親は、子どもが不登校になったという結果ではなく、過程を重視する。

レジリエンスのない親は、子どもが不登校になったという結果を重視する。この点も先に述べたエレン・ランガー教授のマインドフルネスの特徴とレジリエンスの特徴は同じである。

全ての結果には過程がある。

我が家が抱えている問題を眼に見える形で表現してくれたのが子どもの不登校。視点を変えれば、子どもの不登校は「良かった」。

我が家が抱えている問題を眼に見える形で表現してくれたのだから、良かった。それを直していけばよい。

今までレジリエンスについて話してきた例は皆大人の例であるが、もちろんレジリエンスの定義は確立していないとはいえ、定義は、今のところ、小さい頃の経験から想像されるよりはるかに心理的に望ましく機能することである。（註78）

私のレジリエンスの定義は厳しい現実の中でも自分を見失わない心の姿勢である。要するにレジリエンスのある人というのは「心の砦」がある。

「心の砦」があるから自分を取りまく厳しい現実と戦える。「心の砦」があるから厳しい現実に屈服しない。

「心の砦」を象徴するのは、レジリエンスのある人が持つ秘密の場所である。

レジリエンスの研究書を読んでいると「negotiate」という言葉が出てくる。あくまでも現実と交渉するのである。交渉するということは屈服することではない。乗り越えることである。

こちらにはこちらに守らなければならないことがあり、相手には相手の立場がある。現実は現実である。現実を否定すれば、幻想の世界に行くしかない。それはカルト集団の世界である。

現実の中で生きるとは、現実を否定することではなく、現実と交渉し、それを乗り越えることである。

第3章

仕方ないことの「断念」と「不幸の受容」が人生にもたらすもの

●心のふれあい

レジリエンスのない人は、心のふれあいを体験したことがない。一人で生きてこざるをえなかった。

一緒にいる相手から「ここに私もいるのよ」と言われるほど、一人で生きてきた。実際にそばに人がいても、心は一人でいる。それをそばにいる人は感じるから「ここに私もいるのよ」と言う。

レジリエンスのない人は誰も心がふれあえる人がいなかった。

逆境に強い人は、心のふれあいを大切にする人である。だからこそ人の好意を得ることが上手い。

そしてそれは利己主義とは正反対である。利他主義である。

心のふれあいから生じる好意と、権力やお金で得る好意とは本質的に違うものである。

逆境に強い人が得る好意は心のふれあいから得る好意である。

その点を忘れると逆境に強い人を基本的に間違えてしまう。

●唯一絶対の価値観

人間の成長の過程で、最も恐ろしいのは、一つの視点をたたき込まれることである。唯一絶対の価値観で成長してきた人がいる。

それはカルト集団の価値観である。そういう人は、ある絶望を根拠にして生きている。ハーヴァード大学のエレン・ランガー教授の言うごとく、アルコール依存症患者が治りやすい場合と、治りにくい場合とがある。治りやすいアルコール依存症患者は、いろいろなタイプのアルコール依存症がいると体験している。

いろいろな人を見て成長している。それは何にも代えがたい体験である。どんなに恵まれない環境で成長しても、唯一絶対の価値観をたたき込まれたのでなければ、レジリエンスのある人になれる可能性がある。

機能不全に陥った家族で成長しても、意味ある人生を生きられる可能性はある。自分の家を機能不全と認識し、友人の家の家族団らんを体験して、そこに生きることの素晴らしさ、生きることの価値を見つけることができれば、自分の人生は素晴らしい人生になる可能性はある。

機能不全に陥った家族で成長しても、その友人の家での体験が、心の支えになる可能性はある。

それに対して、カルト集団のような家族で成長した場合には、その価値観から抜け出すことはなかなかできない。

彼らは憎しみと絶望という空気を吸いながら成長する。

これが最も恐ろしいことである。

家族が機能不全に陥っている。それにはいろいろなケースがある。

最も恐ろしいのは、家の空気が絶望と憎しみの空気である。家の空気には唯一絶対の価値観しかない。

うつ病を生み出す家庭の特徴、それは主権的人物を中心に服従依存の関係が成り立っていることである。

まさにこの家族の構造こそ、人の心を完全に破壊するものである。

この構造こそ、心の支えを持てない人を生み出す。

自分の成長した家がそういう家だと認識することが救済の条件である。

●複数の視点

問題は機能不全の家族の構造そのものではない。

家族がばらばらな家で成長した人でも、心の支えをどこかで、誰かに見つけられる。そうしてレジリエンスのある人になる。

それに対して凝固家族 rigid family、これこそが最も恐ろしい絶体絶命の家族構造である。混乱家族 Chaotic family の方がレジリエンスのある人が生まれてくる可能性がある。

つまりレジリエンスのある人が出てこない場合には、表面的、社会的に見れば、一致団結した立派な家族に見えるが、にもかかわらず、中が完全に腐っている家族である。

主権的人物を中心にした服従依存の関係が成り立っている、これはうつ病ばかりでなく、心の支えを持てない人々を生み出す家族の特徴である。

統合失調症は凝固家族からも、混乱家族からも生まれてくる。

過酷な環境に生まれても、複数の視点を持てれば、自己実現している人に向かって歩み出せる。

しかし愛のない家庭で、唯一絶対の価値観をたたき込まれ、しかもその期待を実現することは不可能という場合がある。子どもは社会的成功、出世が唯一絶対の価値観の家庭で成長する。しかし子どもにはその適性、その能力がない。

この場合には心は崩壊する。いや心が成長してこない。

親が執着性格で、子どもに対して神経症的要求を持っている。この親子関係が恐ろしい。神経症的要求、つまり子どもに対して非現実的なほど高い期待をかける。

どんなに家族の機能が不全であっても、その子どもが複数の視点を持てる環境である場合には、レジリエンスのある人に成長できる可能性がある。

恐ろしいのは唯一絶対の価値観を骨の髄までたたき込まれる。そしてそれが非現実的なほど高い期待である。

これが、外からは見えないほどの過酷な運命である。

●二重束縛

あるいは二重束縛といわれる人間関係である。

唯一絶対の世俗的価値観をたたき込まれ、同時にそれと矛盾する愛の価値をたたき込まれる。こうした環境では心は芽生えてこない。

「杖をあげて犬を呼ぶ」という環境である。言語的メッセージとしては、「出世は下らない、家族愛が最も尊い」という絶対の価値観をたたき込まれる。

と、同時に非言語的メッセージとしては、「出世以外に価値はない」という、エリートコースを歩むことが唯一絶対の価値と教え込まれる。

その価値観における二重束縛が、その人からものごとに「感動する能力を」奪う。その能力が発育しない。

何を見ても感動できない。何を見ても美しいと感動できない。感動する能力のない人に成長せざるをえなかったのである。

二重束縛というのは、外から見ると、望ましい家庭環境に見えることさえある。

レジリエンスのある人に成長した人は、外から見ても酷い家庭に生まれ成長している。外から見てもバラバラの家庭である。

レジリエンスのある人に成長できなかった人は、二重束縛で、外から見ると愛のある家庭に見えたかもしれない。

レジリエンスのある人に成長した場合には、こうした二重束縛がなかった。

二重束縛よりも、価値観ゼロのバラバラの無規範状態の方が、人生の良いものに接したときに感動できる。

二重束縛、あるいは唯一絶対の価値観の場合には、人生の良きものに接したときにも、「嫌だな、そういう家庭は」となってしまう。

愛ある家庭に接しても「ああいうヤツらは負けるよ」と経済的価値観から否定される。それを子どもは信じ込まなければならない。

それを本当に信じ込めればまだ救いがある。しかし同時にその唯一絶対の価値観と矛盾する、もう一つの唯一絶対の価値観を信じ込まなければならない。

これでどんなに人生の良きことに接しても、そのことはその子どもの心を奮い立たせることはない。その子は人生を信じることはできない。

何かを信じようとすれば、それを壊される。

むしろ心の破壊者としての親はいない方が良いのである。

現実には親はいても、「私の親はどうしようもない親」と子どもが解釈できている親の場合には、レジリエンスのある人に成長できる可能性がある。

要するに外からみて分かるような機能不全の家族には救いがある。

そういう環境で成長した場合には、誰か愛のある人との出会いがあれば、それが救いになる。

しかしうつ病者を生み出すような家庭とか、統合失調症を生み出す家庭の場合は、そのような救いの体験そのものを否定されてしまう。

大切なのは、自分には救いの体験がある出会いがあったのだけれども、否定されたのだという認識である。

そこから立ち直っていく。

そこから「にもかかわらず」立ち直っていくことである。

恐れることなく正直に自分と向き合う。自分はどういう人間関係の中で成長したのか、しっかりとそれと向き合う。

うつ病になる人は、人が楽しそうにしていると、暗くなるという。全ての感情を抑圧して、生きてきた。「私の成長した家は素晴らしい」と信じ込まされて生きてきた。

どうにもこうにも生きづらい人は、自分が信じ込んでいることは、何なのかという反省が必要である。自分が正しいと思い込んでいることは、本当に正しいのか。

どうにもこうにも生きづらい人が救われるのに必要なのは、コペルニクス的転換である。

ここがレジリエンスのある人と、レジリエンスのない人の違いである。レジリエンスのある人にはコペルニクス的転換が必要ない。

自分が酷い環境で生きてきたということは、自分ばかりでなく誰にもよく見える。「酷い親だ」と誰もが理解できる。

●愛のない家庭

すでに何回かふれた、ダンというレジリエンスのある人についてさらに深く考えてみたい。

幼少期から、殴られて蹴飛ばされて殺されそうになる虐待から必死で逃げて成長したダンは、アメリアの家の家族談笑を見て、この人生の素晴らしさを感じた。

そしてそれを心の支えにして素晴らしい生涯を生きていくことができた。

同じ光景を見ても、その人が感じるものはちがう。

刑務所の中にいても、自分は家族から必要とされていると思っている人がいる。神を信じて生きている人がいる。

彼らは非抑制型の人で、かつレジリエンスのある人であろう。

逆に恥ずかしがり屋の人は、何も悪いことをしていないのに、自分は「皆から好かれていない」と思っている。この違いはどこから出てくるのか。

おそらく非抑制型の人か、抑制型の人かという違いと、環境がその人に唯一絶対の価値観を教え込んだかどうかということである。

要するに家族機能不全ということは、そのレジリエンスのある人にとって、心理的に無規範状態であったということである。

それが素晴らしい愛の姿を見て、感動し、その体験が心の支えになったのであろう。

家族が心理的に無規範であったことが、レジリエンスのある人に成長できた人には、救いであった。

ダンの母親は、子どもを憎んでいた。どの子どもも忌み嫌った。彼女の子どもだけではなく、他の子どもも嫌いであった。

母親は、子どもは余りにも汚いので、ダンと彼の双生児が生まれたときに、子どもの世話役を雇った。

ダンは「母親は私たちに近寄らなかった」と言う。

幸いにもアメリアという女性が来てくれて、ダンは、アメリアから人生最初の日の出の感覚を得ることができた。（註79）

ダンは次のように感じた。

アメリアの家族には大きな愛があった。私は彼女の家族を一度しか訪ねたことがない。しかし私がアメリアと、彼女の家に着いた日、そこは愛に輝いていた。皆が笑っていた、歌っていた、お互いに抱き合っていた、お互いに温かかった。私はそこがとても素晴らしい場所だと感じた。

そしてそれらは毎日の生活の中に明らかにされた、人を愛する能力の中に明らかにされた、そして小さな子どもとして私たちを愛することに明らかにされた。

私の人生の中で最も幸運なことは、小さい頃にそのようなことに遭遇できたことだと私は考えている。（註80）

自由に、気にすることなく、感謝する。

ダンは母親を断ち切っていた。だからアメリアの愛を感じることができた。（註81）

●断念すること

ダンのような境遇の場合、普通は親を恨み、運命を呪い、我が身を歎いて生きていくのが普通である。

自己憐憫、被害者意識、惨め依存症、恨み、未練、執着性格、になっている人は、心の底で断念すべきことを断念していない。断ち切るべきことを断ち切っていない。

「着てはもらえぬセーターを編んでます」という古い演歌のような生き方では、人生に感動はない。

レジリエンスのある人は、着てくれるセーターを編む。それが愛。編んだセーターを着てはくれない人を心の中で断ち切っている。

過酷な運命の中で、こんな素晴らしい愛がある、そう信じて生きている人がいる。自分も必ずいつか、そういう愛に出会うと感じるのは、自分を拒否する親をこちらの方から、断ち切っているからである。そこが地獄の火あぶりの試練を乗り越えた人である。

断ち切れない人は、嫉妬、妬《ねた》み、絶望で生涯を終える。

そしてダンが三才を過ぎる頃、アメリアは突然解雇された。ダンの父親がアメリアに性的な犯罪を行ったからである。

そしてアメリアは永久に去って行った。それはダンが小さい頃であったにもかかわらずダンはビビッドにアメリアのことを思い出している。

その最後の日、彼女は想像もしないことをした。私たちを鉄道のトラックに連れて行った。私たちは彼女の家族の家にいく鉄道の線路を歩いていった。

彼女は彼女の家族が私たちと会うことを望んだ。

彼らはタマネギとニンニクの料理をしていた。私たちに食べなさいと言った。私は二度と彼女に会わなかった。（註82）

ダンは皆が温かいと思ったことを記憶している。

「私がここで生きていれば、皆は私を抱いてくれる、何と素晴らしいところだ」ダンはそう感じた。（註83）

母親から捨てられ、代わりに世話をしてくれる人にダンは安らぎを得た。その女性に、自分を虐待する父親は性的暴行をした。

その女性とは別れなければならなかった。

ダンは大人に成長してから、憎悪と恨み辛みで、周りの皆を殺しても不思議ではなかった。気の済むまで、計画的に残虐な殺し方をしてもである。

しかし彼は、テロリストにもならず、周りの人を殺しもしなかった。全ての憎しみを心の底に抑え込んで、うつ病にもならなかった。

そして彼は言った。

「それは私の人生に輝いていた。それは空に輝く星のようであった。アメリアのように愛する人が、私にくっつき、後を追い、一緒にいる人であった」

ダンはアメリアの心の居間に入れてもらっていたのであろう。

人は何も生物的な母親の心の居間に入る必要はない。代理愛の人の心の居間でも、入れてもらえれば、成長する力は与えられる。

「私は求め続けようとしたことであった。何度も、何度も」

彼は大人になってから、パーティーに行くと部屋の中の人を探した。同じような人がいるかどうか、笑い、ほほえむ人とかかわろうとした。

そしてアメリアのような女性と巡り会い結婚した。ジャネットはアメリアのような愛のある家庭で成長した。

ダンがもし憎悪に駆られて、周りの人を殺しまくっていたら、激しい憎悪を抑えてうつ病になっていたら、ジャネットには会えなかったろう。

●決断と信念

ダンにとって、祖母は生涯のアンカーであった。ダンは彼女に気に入られた。私は悪いママと良いママを知っている。そしてアメリアと祖母はダンを善への可能性に向かわせた。（註84）

「私は小さい頃いつもどうやったら面白いかを考えていた。父親はいつも私を無視した。どうやったら注意を得られるかを考えた。速く走った」（註85）

せっかち、短気、イライラはレジリエンスのない人の症状である。

ダンやシーボンを始めレジリエンスのある人の過去は、想像を絶するほど過酷である。

それでも「人生は素晴らしい」という人がいる。もちろん逆に、それだから人生は地獄だという人がいるだろう。

またダンにあったときに「良かったね、そんなアメリアのような人がいて」と言う人もいるだろう。それは逆境に強い人のアドヴァイスである。

どちらが間違っているとか正しいとかいう問題ではない。それぞれの人が、それぞれの持って生まれた性質と、それぞれが背負っている過去の歴史があるのだから。

ただ、幸せな人生を送り、幸せな最後を迎えるためには「それでも人生は素晴らしい」

と思う決断である。レジリエンスのある人になるという決断と信念である。

●心の戦い

ヒギンズの論文にアーニャという女性が出てくる。
アーニャは小さい頃から、過去から自分自身を効果的に守る能力があった。(註86)
これもヒギンズはレジリエンスのある人の典型的な特徴であるという。
確かに過酷な過去を生涯引きずっている人はいる。レジリエンスのある人は、どこかで何かで、その過酷な過去を、心の中で断ち切っている。
アーニャは焼き尽くすような過去に直面しながら、どうして心の平静を保ったのか。(註87)
彼女は答えた。
She replied, I have a calm core.
心の砦が、a calm core である。
レジリエンスのある人は「心の砦」がある。
形でなく、「こころ」で、ものごとを見ている。「こころ」を重んじる。

彼女の環境は酷かった。彼女は路上に捨てられている1ペニーと同じ価値しかなかった。それにもかかわらず彼女は非凡なまでの自我の統合性を失わなかった。(註88)

アーニャには妹がいた。彼女はいかに妹に教えたか。どう妹に教えたか？

妹も父親に殴られていた。アーニャは戦うことを教えようとした。

しかし妹は戦えば父親はもっと私を殴ると言う。

「しかし戦わなければ、あなたは自分を失う」それがアーニャの教えである。

自分を虐待する人に注意をむけないことである。それ以外のことに注意を向ける。心の内の「fighting spirit」を持ち続けることである。(註89)

彼女自身はどう戦ったか。

泣き叫んだ、走って逃げた、確かに結果は悪かった。外に表れる態度で戦うのを止めた時も、心で戦うのを止めなかった。(註90)

ヒギンズがアーニャという女性に、「焦げるような過去にもかかわらず、あなたはどうして心理的な統合性を維持できたのか？」と尋ねたときに、次のように答えた。

I have a calm core.

そのためには、抑圧がないことである。抑圧があり、心の葛藤があれば、I have a calm core. ということは不可能である。

意識と無意識の乖離があれば、人の言葉に過剰に反応する。異常敏感性ということはあってもI have a calm core. ということはありえない。

I have a calm core. ということは、心の葛藤がなくて、「私には私の世界がある」という確信があるということである。

そしてI have a calm core. であるからこそ、人はプロアクティブになれる。I have a calm core. でなくて、プロアクティブになることはない。

つまりプロアクティブという特徴も、抑圧がないことである。

なぜ恵まれない環境で、プロアクティブになれるかといえば、それは恵まれない環境が、過干渉の方ではなく、放任の方だったからである。

心が牢屋に入れられてしまう過干渉ではなく、荒野に放り出される放任であったからである。放任ということは無関心である。

荒野に放り出されて、成長のために必要な積極的関心は得られなかったが、代理愛という代替的満足を得て成長した可能性はある。

それがレジリエンスのある人の特徴である「愛のある人との出会い」である。

心が牢屋に入れられてしまっている人は、代理愛の可能性も奪われてしまっている。

●相手は直らない

「I have a calm core.」ということは、心の葛藤がないということは、「理想の自分」と「現実の自分」との乖離がないということである。

過干渉の中で、「『べき』の暴君」とか理想の自我像に固執する必要がなかったのであろう。

プロアクティブということは、「変えられることは変える努力をしましょう、変えられないことは受けいれましょう」ということである。

その態度が可能であるのは、I have a calm core. であるからである。心に葛藤がないからである。

いちいち、「あいつの態度はけしからん」と怒っていたら、一年三百六十五日眠れない。血圧は上がりっぱなしである。

世の中は不誠実な人で溢れている。その人たちに、「私はあなたにこんなに誠実に尽くしたのに、あなたのこんな酷い態度とは許せない」と言っていたら、一年三百六十五日イライラしていなければならない。降圧剤を飲んでも血圧が下がらず心臓病になる心配はある。

プロアクティブということは、不誠実な人に「ゆるせない」と怒るのではなく、不誠実な人には不誠実な人として対応することである。

不誠実な人に、いちいち怒っているのはリアクティブな態度である。

ネコにはネコの対応をする。

トラにはトラの対応をする。

リスに、その実を食べるなと言って腹を立てても生きづらい。

人間関係でもめて「けしからん！」と言っても相手は直らない。

二度あることは三度ある。相手はそういうイメージで仕事を捉えている。

相手は直らないという前提で対処を考える。それがプロアクティブな態度である。

●サディストがあふれる社会

周りにハゲタカを寄せ付けないことができれば、運命は開ける。

消耗して殺される人は、毒蛇が沢山いる山に住んでいる。その毒蛇が生息する林から出る勇気が、人生最大の「決意」である。

多少極端な言い方をすれば、人を餌食にして自分が生き延びようとする人がある。しかも自分のしていることに気がついていない。

そうした人たちが右を向いても左を向いてもいる世の中になってきた。

現実にそういう世の中で、生きている以上、強くならなければならない。

つまり他人の心の葛藤の解決に巻き込まれないように気をつけなければならない。

私は幸せになるための最も重要な決心とは、「誰がなんと言おうと、私は私自身になる」という決心であると堅く信じている。

世の中にはサディストが溢れている。愛という仮面を被ったサディスト、教育者という仮面を被ったサディスト、親という仮面を被ったサディスト、弱者という仮面を被ったサディスト、弁護士という仮面を被ったサディスト、家庭裁判所の調停員という仮面を被ったサディスト等々。

それらのサディストは人の心に手錠をかけて、自分の思うように相手を支配しようとする。

その支配に屈して「ありのままの私は生きる価値がない」と思うようになる人は多い。そして自分でない自分になろうとする。

だからほとんどの人は自分が幸せになろうと決心するだけで幸せになれるのに、幸せになれない。

●土台がもろい建物

話を「I have a calm core.」に戻す。

そして彼女は小さい頃から自分の強い心の核を認識していたと信じている。

レジリエンスのある人には心の中に静かな核がある。

レジリエンスのない人には心の中に静かな核がない。逆境に弱い人には心の中に「この核」がない。「心の砦」がない。

レジリエンスのない人は別の表現をすれば疑似成長している人である。社会的には成長しているかに見えるが、心理的には成長していない。幼児的欲求が満たされていないのに、満たされているかのごとく振る舞う。

マズローの言うごとく、こうした疑似成長している人は危険な土台の上に立っている。危険な土台の上に立っているということは、逆境ですぐに心が崩れてしまうということである。

土台がもろい建物のようなものである。軽い地震でも崩壊する。

疑似成長している人は、軽い逆境でも心が崩壊する。

レジリエンスのない人を、さらに別の表現をすれば自己疎外された人であり、自己疎外された人は、疑似成長している人でもある。

つまりこれらの人の行動の動機はすべて欠乏動機であり、その人たちは欠乏動機で生きてきた。

疑似成長している人は、社会的には立派に振る舞っていても、心の中ではいつもイライラしている。人の言動で傷つきやすい。無意識では自信がない。無意識では自己蔑視しているから傷つきやすい。つまり疑似成長している人は、リアクティブである。

しかし表面的には自信がある。自分にも他人にも自信があるフリをしている。

そういう人が、ある人の言うことで傷つく。しかしそれは別にその人の言うことで傷ついたのではない。元々傷ついている。元々欲求不満である。

元々欲求が満たされていない。そこにある他者があることを言った。そしてその人の言葉に、疑似成長している人が反応した。つまり元々欲求不満な人が、相手の言葉に反応しただけである。

それがレジリエンスのない人の特徴である。自分がなくて、周囲の人に対する反応しかない。

欲求不満でない人が反応すれば、その言葉に対する反応はまったく別の反応になる。つまりレジリエンスのある人が、その言葉を聞けばまったく無視するかもしれない。何の心の動揺もないかもしれない。

●天国と地獄の分かれ道

レジリエンスのある人は放任の中で生きてきた人である。過干渉の中で生きてきた人はレジリエンスのある人になるのは難しい。

親が過干渉ということは、心が牢獄に入れられていることである。レジリエンスのある人が体験するような生涯忘れられない体験がない。

レジリエンスは最終的に出会いを活かせるか、活かせないかである。

全ての少年が、愛ある人との出会いをいかせるわけではない。たまたま心優しい誰かと出会うという偶然がある。縁があるということがある。

すべての人が縁あって関わった「愛ある人」との関わりを活かせるわけではない。その出会いを心の支えに生きていかれるかというと、そうではない。

重要なのは「自分の親は酷かった、でもあなたと出会えたことは自分にとって幸運だった」と思えるか思えないかである。

自分の親は酷かったという方に気持ちを持って行かれてしまうのがレジリエンスのない

人である。

誰でも「酷かった」という気持ちと、「幸運だった」という両方の気持ちはあるだろう。そして天国と地獄の分かれ道は、そのどちらが勝つかである。

過干渉の親に育てられた場合には親から離れられないことが多い。親に気持ちが取り込まれている。吸い込まれている。親の前ではすくんでいる。

ダンの場合を考えると、母親は子どもが嫌いだったし、それを母親は知っているし、子どもが近寄るのを嫌った。子どもは汚らしいと思うから、世話役の人を雇った。

ダンの母親は過干渉ではない。こうしたケースでは親から気持ちが離れるのに、なんの気持ちの抵抗もない。

●親のモラル・ハラスメント

しかしモラル・ハラスメントのような場合には、親を嫌うことは禁じられている。この心の手錠を取り外せない。モラル・ハラスメントとは愛を口実にした苛めである。愛の仮面をかぶったサディズムである。

こうして心に手錠をかけられて成長する人がいる。そうした場合には子どもは親への依存心が強いし、無意識で親を嫌いでも意識の上では好きだし、心理的に離れようにも離れられない。

これが愛ある人との偶然の出会いを活かせないタイプである。

モラル・ハラスメントの親は、子どもの出会いの世界そのものを否定してしまっている。

おそらくモラル・ハラスメントの親の元で成長した人が、レジリエンスを発展させるのが最も困難であろう。

しかし不可能ではない。それは自分が極めて困難な状況に置かれているということを認識すれば対策は生まれてくる。

●大切な自覚

大切なのはありのままの自分は、愛ある人との出会いを活かせないタイプだと自覚することである。

体に痣が残るほど父親から暴力をふるわれて苦しんでいる人から相談を受けた。でも、「僕のお父さんはいい人です」と言い張る。信じられないかもしれないがこういう人から相談を受けたことがある。

彼も小学校の時の担任の先生が愛ある人だったかもしれない。中学校の時のクラブの仲間が愛ある人だったかもしれない。高等学校の時によくいったラーメン屋のおばさんが愛ある人だったかもしれない。

しかし彼は、どのような出会いも活かせない。

過干渉の親に育てられて、自分の親は酷い人だったと客観的に認識するのは難しい。なぜならそれにはどこか心理的な自立を必要とするからである。

レジリエンスのある人は小さな平凡に感謝をする人でもある。

それは心の中に、心の支えとなるような人がいるからである。

夜空を見上げて、星に祈る。あそこに「あの人がいる」と信じられる。その星に向かって自分の辛さを語れる人がいる。

レジリエンスのある人にとって決定的なことは、実際に会わないでも語り合える人がいることである。

レジリエンスのない人には心の中で語り合える人がいない。

栄光にしがみつくことで自分の心の葛藤を解決しようとしている人もいる。

レジリエンスのある人と、しがみついているものが違う。

レジリエンスのある人は「私は私の中にあるものにしがみついた」、だからエネルギッシュな人であった。

無気力になる人は、栄光にしがみついた。理想の自我像にしがみついた。

●愛他主義的仲間関係

愛他主義的仲間関係という言葉で表現される関係がある。(註91)

アーニャもダンも代理母がいた。仲間が良かった。これらが愛他主義的関係である。

彼らがいう仲間と、ピーターパン症候群といわれる若者の関係との違いである。

良い人間関係か悪い人間関係かの違いである。

助け合う関係、励まし合う関係、そういう関係を持てるか持てないかである。レジリエンスのある人は自分のライフラインは仲間であると言う（註92）。

この点が先に述べた、うつ病とか神経症とかいう、いわゆる心の病といわれる者の人間関係との決定的な違いである。心の病といわれる人の関係は利己主義的関係である。

レジリエンスのある人の関係は愛他主義的仲間関係である。

青春期に愛他主義的仲間関係という仲間がいる人は強い。残念ながら親子関係で躓いた人は、仲間関係でも躓くことが多い。親の利己主義的価値観から解き放たれていない。

人間を回復させてくれる者は、人間だけではない。動物に自分を同一化する人もいる。動物はその人を回復させてくれる。

「この犬さえいれば後はいらない」と思える。

●心があればよい

ダンのようにたった一回の体験が生涯の心の支えとなる人がいる。

毎月家族旅行に行っても犯罪に走る子どももいる。

誕生会を盛大にやっても引きこもる子どももいる。

問題は誕生会や家族旅行という「かたち」ではない。そこに「こころ」があるかないかである。

非行に走ってしまった子どもについて「勉強部屋があった」と新聞は書く。しかしそれも「かたち」。「勉強部屋があった。」というのは「かたち」である。

レジリエンスのある人たちは、「こころ」を大切にしていた。仲間とのつながりをライフラインと感じていた。

虐待の中で殺されそうになっても、仲間とのつながりがあればよいと思う。「こころ」があれば、それで十分だと思う。（註93）

大切なのはレジリエンスのある人の「心があればよい」という感じ方である。これは、うつ病とか神経症とかいう心の病の人々には決してない考え方である。（註94）

「こころ、こころ」と言えば、人は精神論と言って馬鹿にする。

しかし最後に勝つのは精神力である。「こころ」である。

人は、お金や力だけでは最後まで生き抜けない。

心は見えない。見えないものを信じる人は、レジリエンスのある人である。

見えないものを信じない人はレジリエンスのない人で、悪い結果が出ると人を責める。

どんなに苦しくても、レジリエンスのある人は自分で自分自身を立て直す。自分で元気を奮い起こす。

●代償としての愛

代理愛を与えてくれる人は、その人がその人であることで愛されていると感じる。(註95)

その人がその人であることを許されれば、自然と元気が湧いてくる。自分で自分を奮い起こすことができる。

これが愛他主義的関係である。決して神経症者にはない人間関係である。

不屈力のある人は、親の代理を見つける。そして代理親を信じられる。他の人を信じられる。

ということは現実と接しているということである。「生きるのがあまりにも辛い」と言って幻想の世界に逃げない。自分の殻に閉じこもらない。

レジリエンスのある人は、酷い両親でも、自分の内面の世界を維持できた。そして求める理想を他人の中に見いだした。

不幸な過去ゆえに挫折して、最後まで立ち上がれない人がいる。そういう人の最大の誤りは、親をモデルにして世界を解釈したことである。そして誰も自分を守ってくれないと自分の世界に閉じこもったことである。

多かれ少なかれ、不屈力のない人は皆引きこもりである。

世の中には愛情豊かな人もいれば、冷たい人もいる。激しく殴る人もいれば、優しく抱きしめてくれる人もいる。レジリエンスのない人は、その現実から逃げて自分の殻に閉じこもった。

代理愛の特徴は何であろうか。

長く続くことである。その他いろいろとあるが、ありのままの自分を愛してくれることである。愛他主義的関係である。

「代理愛を与えてくれる人は、ありのままの自分を愛してくれる。自分を証明するために

何かをする必要がない。彼女は私が私であるがゆえに素晴らしいと信じてくれる」(註96)

私が私であるがゆえに、彼は私を愛してくれる。

この愛が、自分を立て直すためには決定的である。

優れているから愛される、有用だから愛される、皆のためになるから愛される、それは愛ではない。

フロムが言うように「代償として与えられる愛」は、本当の愛ではない。

そうして愛された方は安らぎがない。愛される方はますます何かをしなければならなくなる。ますます人のために尽くさなければ、自分の存在は意味がなくなる。

だめでも愛される。その感覚が安らぎである。

その安らぎで人は成長する。

エリートで自殺するような人は、一度として、あなたがあなただから愛されるという体験がない。愛他主義的仲間関係を体験したことがない。

手段として愛された人と、目的として愛された人の違いである。

●心が帰る家

親が世間を見返したいと子どもの成功を願う。子どもはそのために努力する。

子どもは無意識にそれを案じる。

その時に子どもは自己無価値感を持つ。自分という存在は本質的に愛されるに値しないと感じる。成功した自分は愛されるが、それは成功したから愛されるのであって、自分という存在が愛されたわけではない。

「代理愛の人は、人生を充実させてくれる、厳しい仕事に怯まない、持っているものを共有した、そして真実を語った[註97]」

利己主義的仲間関係ではない。そこが代理愛の本質である。

放任より難しいのは、過干渉である。放任は見えるけれども、過干渉は外から見えない。

過干渉の問題は、親が子どもの依存心を助長させて、自分に縛り付けることである。

親以外の代理愛の人との出会いの機会を奪ってしまう。

「あの人との出会いがあったから、今日の私がある」、そういう出会いがある。過干渉は、そういう出会いを奪ってしまう。

親の必要性によって育てられた人には基本的不安感がある。基本的不安感があるということは、心の帰る家がないということである。

母親は試験で零点とっても「何食べる?」と言ってくれる。

しかし先生や友達は「馬鹿」と言う。

心の帰る家としての母親がいない人は、母親のように反応してくれる人を求める。

そこで、力があれば人は自分の望むように対応してくれると思う。力を持てば自分が期待するように対応してくれると思う。

だから愛されないで育った人は力を望む。基本的不安感のある人はどうしても自分を他人の上に置こうとする。

基本的不安感とは心の帰る家がないことである。

赤ん坊は家にいても家にお母さんがいないと泣く。

基本的不安感から強迫的に名声追求をしている人は、お母さんのいない家で泣いているようなものである。

レジリエンスのある人は、心が帰る家が見つかった。

それが代理愛であり、出会いである。

心の帰る家がない人は皆レジリエンスのない人である。「心の砦」がない。

「私には静かな心の核があります」という人ではない。

すぐに落ち込む人であり、すぐに「カーッ」となる人であり、すぐに腹が立つ人であり、すぐに不愉快になる人である。気持ちが不安定な人達である。

過去のことなど、仕方の無いことにいつまでもこだわる。

レジリエンスのある人は、常に本当の満足を求める。そうでない人を見抜く。

レジリエンスのある人ほど、逆境に対して準備をしている。逆境にならないように注意をし、準備をしている。

レジリエンスのない人ほど、逆境に対して準備をしていないし、逆境に陥らないように注意をすることがない。

レジリエンスのない人は何か事があれば、深刻になる。しかし時間がたてば「まー、いいか」になってしまう。

のど元過ぎれば熱さ忘れる。

歯が抜ける。病気になる。

大騒ぎをする。周りの人が苦労して看病して治った。すると忘れる。

これからは病気にならないように細心の注意を払うかというと、払わない。

これがレジリエンスのない人である。

誰でも酒に飲まれてはいけないと知っている。でもそこまで飲まなければいられない感情がある。

それほど辛いということである。

だから時と場所を選ぶことである。今日のような飲み会には行ってはいけないと場所を選択すること。

自分の感情を出していい場所と出してはいけない場所をしっかりと心得ていなければいけない。

●乗り越えてきた過去

レジリエンスのある人が、人生の偉業を成し遂げたのはもちろんである。

ただレジリエンスの例としてあげられてくるのはほとんどが肉体的虐待である。

しかし悲劇は何も肉体的なことだけではない。親に心理的にしがみつかれて、地獄の火あぶりに耐えた人もいる。

レジリエンスのある人よりも、もっと過酷な過去を乗り越えて、今あなたはそこで生きている。そういう人もいる。

その人生の偉業に気がつかなければいけない。

その乗り越えてきた過去が、今のあなたの魅力。

自分はレジリエンスのある人と違った過酷な困難を乗り越えて生きてきた。自分は、その魅力ある人間であることに気がつかなければいけない。

「記憶に凍結された恐怖」を乗り越えて生きてきたあなたは、虐待に耐えたレジリエンスのある人に劣らない地獄の戦いがある。

その魅力は一朝一夕にできるものではない。

●最も辛い人とは

最後に、この本を読んで、「自分はこんな人にはなれない」と落ち込む人がいないように、書いておきたいことがある。

それはレジリエンスのある人と同じように偉大なことをしているのに、それをまったく理解していない人のことである。

レジリエンスのある人が最も偉大なわけではない。今苦しみながら生きている人も同じように偉大なのである。

先に書いたように、父親がアルコール依存症で暴力をふるわれてと書くと、もの凄く悲惨な家庭と思う。そこで「それなのに、彼女は立派に育った」と説明される。そのような説明をされて、こういう人をレジリエンスのある人と言われる。

しかし一番悲惨な娘は、母親が慢性的にうつ病であると決まっている訳ではない。慢性的なうつ病の母親を持った娘が、世の中で最も辛いというわけではない。

最も辛い立場に立たされている娘とは、母親が娘にしがみつくことで、母親自身がうつ病になることから逃れているケースである。最も悲惨な娘はそういう母親を持った娘であるかもしれない。

父親がアルコール依存症で暴力をふるうと書くと、もの凄く悲惨な家庭と思う。さらに父親が自殺したというと、いかにもその子どもは大変な環境で成長したと思う。

しかしもっとも辛い息子とは、息子にしがみつくことで自殺から逃れている父親を持った息子であるかもしれない。つまり父親は自分の心の葛藤を息子に外化することで、自殺を免れている。

このように父親から執拗に苛められている息子は地獄である。

ボールビーの言う「親子の役割逆転」などの親子関係は、周囲の人からみると恵まれている家庭の親子関係に見える。

最も悲惨なのは、親が子どもに甘えて生き延びている「親子の役割逆転」をしている親子関係で成長した子どもであるかもしれない。

悲惨さは眼に見える悲惨さと、眼に見えない悲惨さがある。

離婚した家庭の子どもが最も辛いのではない。本来、離婚するような心の問題を抱えている両親が、その心の葛藤を子どもで解決していることで、両親は離婚を免れている家庭の子どももいる。

つまり両親のマイナスの感情の掃き溜めにされている子どもである。

子どもが心理的な病気で入院し、治療が成功して心理的に健康になって、家に戻り両親は離婚したようなケースがある。

表面的に恵まれない環境で成長してレジリエンスのない人がいる。同じように表面的に恵まれない環境で成長してレジリエンスのある人がいる。

おそらく決定的な違いは、両者の抑圧の有無の相違である。

表面的にどんなに恵まれていなくても憎しみを抑圧する必要のない環境がある。

「ああ、自分の親はだめな親だな」と思える。

最悪の親は、最低の親に比べて、子どもにとって心理的な打撃は少ない。

アルコール依存症の父親、家族に暴力をふるう父親、働かない怠け者の父親、それは誰が見ても望ましい父親ではない。つまり最悪の父親である。

先のレジリエンスのある女性の家庭である。

まさに彼女は小さい頃、失業中の父親に殴られているのである。父親は逮捕された。父親は酔っ払っていた。母親は慢性的にうつ病だった。(註98)

こう言えば誰でも可哀想だと思う。しかし彼女は「私の父親は立派な父親です」「母親をうつ病にしたのは私が悪いからです」と思わなくてよい。つまり自分の本当の感情を無意識へと追いやらなくてよい。抑圧しなくてよい。

あるうつ病になった女性は二才の時に母親が死んだ。そこで皆から「母親が死んだのは、あなたの責任だ」と責められた。

彼女は、実際には周りの人を憎んだであろう。しかし彼女は、生きていくためには自分の本当の感情に気がつくことを許されない。彼女は憎しみの感情を抑圧しなければならなかった。

レジリエンスを破壊するのは、この抑圧である。

おそらくレジリエンスの芽を徹底的に摘み取ってしまうのはモラル・ハラスメントであろう。

奇跡的な人がいて、素晴らしい出会いがあって、レジリエンスの芽を出しても、徹底的に破壊してしまうのは、モラル・ハラスメントの親であろう。

モラル・ハラスメントとはモラルによる苛めである。

つまり「あなたさえ幸せなら私はどうでもいいの」と言って、子どもに甘えてしがみつく親である。母親は自分一人では生きていけない。それで「あなたさえ幸せなら私はどうでもいいの」と言って子どもにしがみつく。

子どもは親への憎しみの感情を完全に抑圧しなければならない。

●運命の受容

レジリエンスの論文には、いろいろな研究者の考えも紹介されている。

親が統合失調症の場合、レジリエアンスのある子どもは親の統合失調症という病に飲み込まれることを頑なに拒否すると述べている。

他の観察者もレジリエンスのある人は「自分のために考え、高い自律性を発展させる」と述べている。(註99)

これはこれで正しい。

しかしだからといって、この子どもだけが立派な子どもというわけではない。

最も苦しいのは、誰であろうか。

子どもを統合失調症に追い込む母親がいる。統合失調症の子の母親は、子どもが統合失調症になることを必要としていたと言われる。統合失調症に追い込まれた子どもの苦しみは、眼に見えないだけに誰にも理解できないほど苦しいのかもしれない。

したがって「誰が最も苦しいか」という議論はあまり意味がない。

レジリエンスのある人は確かに立派である。だからといって、今の自分をレジリエンスのある人と比べてだめな人間と思う必要はない。

レジリエンスのある人の苦しみは、眼に見える苦しみである。世の中には、眼に見えない苦しみで殺されそうになっているのに、頑張っている人がいる。

大切なのは、自分の運命を受けいれて、レジリエンスのある人の生きる姿勢から学ぶことである。それらの人々と比べて自分を蔑視する必要などまったくない。

●相手に飲み込まれない

相手に認められようとすると相手に飲み込まれる。

相手に好かれようとすると相手に飲み込まれる。

相手に迎合すると相手に飲み込まれる。

「孤立と追放」を恐れると相手に飲み込まれる。

自分の価値剝奪の恐怖感から相手に飲み込まれる。

飲み込まれるより一人の方がよい。

そう理解できれば相手に飲み込まれることはない。

それがよく分かるのは、統合失調症の親を持った子どもである。

レジリエンスのある子どもは親の病気に飲み込まれない。おそらく親は、その子どもに積極的関心がないからであろう。

親は、その子どもを自分の心の支えにしない。その子どもを巻き込むことで自分の心の葛藤を解決しようとしない。

やはり子どものレジリエンスを最も破壊するのは、子どもを巻き込むことで自分の心の葛藤を解決しようとする親である。

あるレジリエンスのある少年である。父親は重度の統合失調症である。母親は家事をまったくしないで、家は混乱している。

少年は地下室にステレオと本を置いて自分のオアシスを作る。そこにある程度の食べ物を置いている。(註100)

少年は親の病気に飲み込まれない。

レジリエンスのある人は、環境の中で小さな自分のスペースを造り出しているように見える。(註101)

環境に飲み込まれないで、環境を飲むのである。

少年は自分で自分の存在を確認しようとするから、両親から心理的距離を作る。

自分で自分の存在を確認できないで、自己同一性を他者に確認してもらうような人は、レジリエンスを身につけられない。

他者から「あなたは素晴らしい」と言われて「私は素晴らしい」と思える、「私は生きている」と思える、他者から認められて自我の確認ができる。

こういう人はどうしてもレジリエンスのない人にならざるをえない。「自分自身が自分の内容となることができない」からだ。

●放任と服従

レジリエンスのある人は親の必要性によって育てられていない。

親は子どもを放任して、子どもに無関心なのだから。

うつ病者を生み出す家庭は主権的人物がいて、服従依存の関係が成り立っている。

親から放任されて無視されている子どもと、親から服従を強いられる子どもとどちらが生きるのが苦しいか、あるいは楽か。

暴力で痛めつけられるレジリエンスと、しつこく心理的に攻撃される子どもとどちらが生きづらいか。

親が不安を逃れる唯一の方法は子どもを攻撃することである。そうした親からしつこく心理的に攻撃される子どもがいる。不安な親は子どもに「こんなこともできないのか」と大げさに歎く。

肉体的に虐待される子どももいる。父親に殺されると思ってベッドの下に逃げる子どもは辛い。

だが、親が自殺を逃れるために心理的に子どもをいじめ抜くケースもある。

カレン・ホルナイは外化という心理現象がなければ、自殺は増えるだろうと言うが、その通りである。

親が自殺を逃れるために、子どもの心が破壊されるとはどういう現象か？

先ず子どもは自分の感情を恐れる、自分の意志を恐れる。親の感情や意志と違うことを恐れるからである。

生き延びる唯一の方法は自分の感情も意志も全てなくすことである。なくすことだけではない。もし自分の意志や感情が残っていて、それが親の感情や意志と矛盾していたらどうなるかと思えば、恐怖感で気を失いそうになるだろう。

何かを食べて自分が「美味しい」と思ったら恐怖感でおかしくなる。もし親が「美味しくない」と思ったら執拗に攻撃されるからである。

その子どもにとって、一切の五感を完全に摩滅する以外に生きる方法はない。ご飯をもう一杯食べたいと思ったら、恐怖感に怯える。親はそれを期待していないかもしれないからである。お腹が空いているか空いていないかも自分が感じてはいけない。

人は自分の意志を伝えることで、コミュニケーションできる。しかしそういう子どもは、それができない。生きている意味を感じられない。

カレン・ホルナイのいうように、神経症は親の必要性によって育てられた人である。

たとえば、親の無価値感から子どもに関わる親がいる。当然親は恩着せがましい。子どもは「嫌なこと」でも嬉しいと感じなければ許されない。

あるいは親の愛情飢餓感から子どもに絡まる。

子どもが社会的事件を起こしたときによく新聞は「家族旅行に行っていた」と書く。これなども親の愛情飢餓感から子どもに絡んでいる例である。

なぜなら、家族旅行に行きたいのは親の方で子どもではない。

子どもは親に抱かれたら嫌で怖くても「嬉しい」と感じなければいけない。

その結果子どもは期待不安をもつ。

シーベリーによれば、全ての悩みの根源は、自分が自分でなくなったからだという。親から肉体的に傷つけられるときに、子どもは「恐れる」。このことは、人々は納得する。

しかし心理的に傷つけられている時も同じことである。

●「断念」と「不幸の受容」

レジリエンスを身につけることにとって決定的なことは二つある。

一つは「断念」、次は「不幸を受けいれる」。

この二つができれば、人から思いやりのある配慮を得られる。そうして立ち直っていかれる。

「自分はこういう親の元に生まれてきた」という不幸を受けいれる。そして生物的な親との愛の関係を断念する。

いつまでもその愛に執着していると、レジリエンスのない人になる。

「いつまでそんなこと言っているの」となって、優しい人も逃げていく。

優しい人といっても人間だから、神ではないから、その人から離れていく。

「断念」と「不幸を受けいれる」、この二つができれば、妬みがなくなる。妬みの気持ちが人の幸せを喜べる気持ちに変化成長する。

そうすると質のよい人が周りに集まる。そのよい人間関係が幸せの決定的要因になる。

「断念すること」と「不幸を受けいれる」、この二つができないと、妬みや嫉妬が激しくなる。すると周りに質の悪い人が集まる。

不幸になる環境が出来上がる。典型的なのがカルト集団である。

自分の運命の不幸を受けいれる。

すると今、生きていることだけでありがたいと感じられるようになる。

大人になってからの「敵意と依存」の関係もある。それにもかかわらず、「神経症的問題の根源は、その両親との関係にある。これは、フロイドの成した不朽の貢献の一面である」(註102)。

レジリエンスの考えは、これらの精神分析論的考えと正面から対立する面がある。

しかし私たちが、過酷な運命を背負って生まれた場合、「それであなたの人生はおしまいです」と絶望する前に「それにもかかわらず、その人の不幸は、その心と関係ある」ということを正面から取り組む必要があると思い、この本を書いた。

この本は、誰が最も辛いかを議論するための本ではない。

●自分の運命の中で

若い頃から脅しと攻撃にさらされて生きてきた人がいる。

不安な人は、安心するために相手に攻撃的にならざるをえない。従順を強いることも攻撃性の間接的表現である。

従順を美徳として強いる親は恐ろしい。

ある親は子どもに「大切なことはなんだ」と質問して「従順です！」と答えさせていた。

その小さい頃からの恐怖感は「記憶に凍結された恐怖感」となって、その人を生涯支配し続ける。

「もしわれわれが、他人を自分自身の意志に従わせる以外に、不安から救われ得ないとなれば、不安を和らげる方法はどうしても、本質的に攻撃的とならざるを得ない」(註103)

レジリエンスのある人でなくても、人によっては、同じように「今まで生きてこられたのは奇跡に近い」と思わなければいけないような人はたくさんいる。

逆に自立へと励まされて、励まされて成長してきた人もいる。誰の人生にも困難はあるだろう。しかし自立へと励まされ続けて成長してきた人がいる。

どういう人間関係の中で成長してきたのか、それは自分がどういう人生であったのかということである。

人間関係のなかに人生はある。

自分の人生を作った人間関係。そのいろいろな人間関係の中の一つの例を取り上げたのが、この本のテーマである。

親から愛されて成長した人と、親から憎まれて成長した人がいる。憎まれ方にもいろいろとある。

人はそれぞれの運命を背負って生きてきた。同じ人間でありえない。

人を信じられなくて成長した人がいる。信じられる人と関わって成長した人がいる。同じ人間でありえない。

人間不信の人が、大人になって信じられる人と関わった。関係ができた。でもなかなか信じられない。

年齢が上がれば上がるほど、今の刺激に過去の社会的枠組みで反応する。学習したコンテクストはより深く内面化される。

神経症的傾向の強い人に囲まれて成長した人は、優しい人の励ましの言葉にも怒りで反応することがある。小さい頃からの神経症者からの侮辱が血肉化されてしまっている。

身体は今にあっても、心は過去にある。

今を生きるとは、今の刺激に反応することである。学習した過去の社会的枠組みで反応するのではない。

信じられる人には信じられる人に対するような反応をする。これはもの凄く難しいことであるが、生きる上での鉄則である。

ロロ・メイのいう意識領域の拡大とは、今の刺激に今の反応をし続けることである。今までの自分の意識領域を広げることで、今に反応できる。

現実に接することが意識領域の拡大であり、心の健康の育成である。

エレン・ランガー教授の言葉を使えば、マインドフルネスである。新しい情報に感情が開かれていることである。

『フランシーヌの場合』という歌が大ヒットした時代がある。

その中の詞に「本当のことを言ったら、お利口になれない」というのがあった。

普通の人の場合には、確かにその通りである。

ところがレジリエンスのある子どもは、本当のことを言っても、お利口になれる。

「親は酷い」と思っても、社会はその子を罰することはない。

「親に対してなんてことを言うの」と社会から言われない。

嘘をつかなくても立派に生きていける。

嫌いなものを好きと言わなくてもよい。

嫌いなことを好きと言うように感情を学習しなくてもよい。

良識にしたがったことを言ってもよい。

自分は自分の運命の中でどう生きるか、それが重要である。自分の運命と正面から向き合い、いろいろな人から生き方を学ぶ。

あとがき

今は消費社会、競争社会だからますますレジリエンスについて学ぶことが大切になってきている。

消費社会では自己不在のまま「自分は何が欲しいか」も分からなくなっている人が多い。

そして煽られるままに、本当に欲しいものがないのに、次々に「欲しいもの」を求めて心の安定を失う。

買う必要がないもの、持つ必要がないものを踊らされるままに欲しがる。

そしてそれが得られないと、惨めな気持ちになる。

あるアメリカで活躍するＩＴ産業に勤める人が、「毎日、買う必要がないものを、いかにほしがらせるかを考えるのが仕事です」と言っていた。まさにその通りである。

レジリエンスのある人はその人を打ちのめすような家庭環境で育ったにもかかわらず打

ちのめされなかった。

Self-propelled ということである。自分で自分を元気にさせる、自分で自分を励ます。

私が以前に視《み》たあるテレビ番組がレジリエンスとして紹介していたことは、まさにレジリエンスの意味することと正反対のことであった。

メディアは従来からある現象を取り上げて、それに新しい言葉をつけて、いかにも今新しい現象が起きているかのごとき説明をするが、それは現象の偽造である。

レジリエンスの著書の中でヒギンズはレジリエンスの特徴として Self-propelled という表現を使っている。(註104)

大切なのは、いかにして自家発電をさせるかということである。自分で自分を励まし、元気づけ、立ち直らせることである。

そのテレビ番組では、「こうして家族の励ましで立ち直れた」というような解説であって、驚いてしまった。

さらに専門家という人が出てきたが、少なくとも私の知る限りその人がレジリエンスの著作や論文はもちろん、何らかのエッセイを書いていることを知らない。

最も信頼のあるテレビのニュース解説番組で、レジリエンスの逆のことをレジリエンスと解説し、レジリエンスについて何にも業績のない人が専門家として勝手に独りよがりの考えを、レジリエンスとして解説することがまかり通るほど、レジリエンスについて今の日本には根付いていないということだろう。

私は、ラジオの「テレフォン人生相談」という番組を半世紀近く続けているが、先ず相手を理解するために、カレン・ホルナイやフリーダ・フロム・ライヒマン等の精神分析論的立場を基本姿勢にしている。

相手が辛い厳しい環境の中で、神経症的傾向の強い人になってしまったという人生経験を先ず理解する。

そのなかで相手がよく耐えて今日まで生き来たということに敬意を払う。

その後でレジリエンスの立場、最も多くのアメリカ人の心を癒したシーベリーの立場、あるいは個人心理学のアドラーや、実存分析のフランクルの立場に移り、その人を励ますということをしている。

そうでないと相手に対して「あなたは環境の犠牲者です、あなたの人生はおしまいです、残念でした」ということになりかねない。

かといっていきなりレジリエンスのある人の主張するようなことを言うと、相手にはきつすぎる。

もともと自分一人で立ち直るエネルギーがない人々なのである。だから相談の電話をかけてきている。

先ず精神分析論の立場から相手を理解して、相手が癒されてそこで相手の中にレジリエンスがうまれ、そこで励ましに移るというのが今までのテレフォン人生相談半世紀の私の立場である。

レジリエンスの位置をそのように理解してもらえれば、レジリエンスの理解としては、最も望ましいのではないかと、今私は考えている。

艱難辛苦に際して、悟りを開くまでには至らなくても「この苦しみは神が私に与えてくれた試練だ」という視点がないと、もの凄い苦しみは乗り越えられない。体験から価値を見出す、それがレジリエンスのある人である。逆境に強い人である。

レジリエンスとは回復力であり、復元力であり、立ち直り力である。

いずれにしても人は厳しい試練の中で、生きていくための杖を探す。心の杖を必死で求める。


親に愛されて成長した人が、親から憎まれて成長した人の気持ちを理解することはほとんど不可能に近い。

もしこれが理解可能なら戦争などというものはありえない。

この両者がお互いに理解しあうことは不可能に近いであろう。それは文化の違いなどというレベルの問題ではない。未開社会と文明社会の違いなどというレベルの問題ではない。世代の違いなどというレベルの問題ではない。

もっともっと本質的な違いである。

しかしこの差を完全に無視するのが社会的年齢である。二十才になれば、誰でも同じ二十才として扱う。

それは土の中にいるモグラに、空を飛ぶ鷹と同じになれという要求である。現実にできるはずもない要求をしているから、さまざまな社会的問題が起きてくるのである。

社会的年齢が同じ四十才としても、母なるものを持った母親を体験している人と、そうでない人は違った動物である。

それにもかかわらずレジリエンスを考えてみる価値があると私は感じて、この本を書いた。それにもかかわらず人類はお互いに理解しあえる。そこに人類の未来がある。

この本も、『人生を後悔することになる人・ならない人』（二〇一八年、PHPエディターズ・グループ）に続いてPHPエディターズ・グループの大久保龍也氏にお世話になった。

このように親子関係で挫折したので、こうした大人になってしまったという、著作ではない著作を書かせてもらったことに紙面を借りて感謝の意を表したい。

二〇一九年十月

加藤諦三

註

1 PSYCHOLOGICAL RESILIENCE AND THE CAPACITY FOR INTIMACY: HOW THE WOUNDED MIGHT "LOVE WELL"
A Thesis Presented by Regina O'Connell Higgins to The Faculty of the Graduate School of Education in Partial Fulfillment of the Requirement for the degree of Doctor of Education in the Subject of Counseling and Consulting Psychology
Harvard University, June, 1985, p.8

2 ibid., p.10

3 ibid., p.11

4 ibid., p.64

5 ibid., p.20

6 ibid., p.64

7 Rollo May, *The Meaning of Anxiety*, W. W. Norton & Company Inc., 1977, 小野泰博訳『不安の人間学』、誠信書房、一九六三年七月二十五日、一一六頁

8 Higgins dissertation. pdf

9 Ann Clarke and Alan Clarke, *Human Resilience A fifty Year Quest*, Jessica Kingsley Publishers, 2003, p.23

10 ibid., p.23

11 PSYCHOLOGICAL RESILIENCE AND THE CAPACITY FOR INTIMACY: HOW THE WOUNDED MIGHT "LOVE WELL"
A Thesis Presented by Regina O'Connell Higgins to The Faculty of the Graduate School of Education in Partial Fulfillment of the Requirement for the degree of Doctor of Education in the Subject of Counseling and Consulting Psychology
Harvard University, June, 1985, p.28

12 Resilient individuals are able to negotiate an abundance of emotional hazardous experiences proactively rather than reactively. Ibid., p.28

13 I was always planning my life, I was going to get out of it. I was going to the better.

14 Gina O'Connell Higgins, *Resilient Adults: Overcoming a Cruel Past*, Jossey-Bass Publishers San Francisco, 1994, p.40

15 PSYCHOLOGICAL RESILIENCE AND THE CAPACITY FOR INTIMACY: HOW THE WOUNDED MIGHT "LOVE WELL"
A Thesis Presented by Regina O'Connell Higgins to The Faculty of the Graduate School of Education in Partial Fulfillment of the Requirement for the degree of Doctor of Education in the Subject of Counseling and Consulting Psychology Harvard University, June, 1985, p.30

16 By being proactive, we mean that the resilient invite information and experiences which they must assimilate and, in time, accommodate in a characteristically flexible manner.

17 To be masters of their environment. Ibid., p.31

18 a sense of control Ibid., p.33

19 ibid., p.11

20 ibid., p.12

21 ibid., p.27

22 ibid., p.28

23 ibid., p.28

24 ibid., p.20

25 Gina O'Connell Higgins, *Resilient Adults: Overcoming a Cruel Past*, Jossey-Bass Publishers San Francisco, 1994, p.20

26 Whether they are learning formally or informally, they seize the day.

27 ibid., p.20

28 ibid., p.20

29 Rollo May, *Men's Search For Himself*, 小野泰博訳『失われし自我を求めて』、誠信書房、一九七〇年十二月五日、二五九頁

30 ibid., p.256

31 Gina O'Connell Higgins, *Resilient Adults: Overcoming a Cruel Past*, Jossey-Bass Publishers San Francisco, 1994, p.20

32 They become highly skilled at conflict resolution. Ibid., p.21

33 Achieving consistently higher self-esteem. Ibid., p.21

34 Gina O'Connell *Higgins, Resilient Adults: Overcoming a Cruel Past*, Jossey-Bass Publishers San Francisco, 1994

35 ibid., p.44

36 ibid., p.90

37 Erich Fromm, *The Heart of Man*, Harper & Row, Publishers, New York, 鈴木重吉訳『悪について』、紀伊國屋書店、一九六五年、一二三頁

38 Abraham H. Maslow, *Toward A Psychology of Being*, D. Van Nastrnd Co. Inc., 1962, 上田吉一訳『完全なる人間』、誠信書房、一九六四年六月十日、八九頁

39 Aaron T. Beck, *Depression*, University of Pennsylvania Press, 1967, pp.23-24

40 Gina O'Connell Higgins, *Resilient Adults: Overcoming a Cruel Past*, Jossey-Bass

Publishers San Francisco, 1994, p.20

41 ibid., p.20

42 ibid., p.21

43 Achieving consistently higher self-esteem. Ibid., p.21

44 Gina O'Connell *Higgins, Resilient Adults: Overcoming a Cruel Past*, Jossey-Bass Publishers San Francisco, 1994

45 George Weinberg, *The Pliant Animal*, 1981 Mrtin's Press Inc., New York, 加藤諦三訳『プライアント・アニマル』、三笠書房、一九八一年十一月十日、一〇四頁

46 A supreme challenge to pliancy is repression. Ibid., p.140

47 More dynamically, they remain fiercely committed to reflection, new perspectives and ongoing therapy. In fact, the resilient get unusually good emotional mileage out of virtually any experience they encounter. Ibid., p.20

48 Achieving consistently higher self-esteem. They have also gradually relaxed their initial, overdetermined sense of self-reliance, collaborating more with others. Ibid.,

p.21

49 Strengths that are most remarkable because these people were raised in hell. Ibid., p.21

50 In fact, the resilient are probably kinder and more decent than others, yet they have far more reason to be cruel than most people. Ibid., p.22

51 Some traits may be somewhat inborn, but many of them can be learned and thus promoted. Ibid., p.21

52 Gina O'Connell Higgins, *Resilient Adults: Overcoming a Cruel Past*, Jossey-Bass Publishers San Francisco, 1994, pp.21-22

53 ibid., p.23

54 Despite of the pain of the past. Ibid., p.32

55 ibid., p.33

56 ibid., p.35

57 It emphasizes the ego's role as a mediator between inner and outer reality, as well

as the ego's more active managerial function in employing inner solutions which foster both the protection and growth of the self. Ibid., p.38

58 ibid., p.41

59 Anywhere is a better place to be. Ibid., p.42

60 Thus she actively recruits surrogate love with her generous aunt. Ibid., p.42

61 I think I was always looking for the positive. Ibid., p.42

62 If I wasn't getting it at home, I tend to go to the other way. Ibid., p.42

63 Could I take your garbage out? ／ Could I walk the cat or dog? Ibid., p.42

64 Shibvorn devotes her soul to being all that her barbarous mother is not. Ibid., p.42

65 Shibvorn does not consider herself a victim as an adult. Ibid., p.42

66 ibid., p.71

67 ibid., p.20

68 Rollo May, *The Meaning of Anxiety*, W. W. Norton & Company Inc., 1977, 小野泰博訳『不安の人間学』、誠信書房、一九六三年七月二十五日、一八五頁

69 Gina O'Connell Higgins, *Resilient Adults: Overcoming a Cruel Past*, Jossey-Bass Publishers San Francisco, 1994, p.12

70 James E. Loehr, *Toughness Training For Life*, A Dutton Book, 1993, p.7

71 ibid., p.7

72 PSYCHOLOGICAL RESILIENCE AND THE CAPACITY FOR INTIMACY: HOW THE WOUNDED MIGHT "LOVE WELL" A Thesis Presented by Regina O'Connell Higgins to The Faculty of the Graduate School of Education in Partial Fulfillment of the Requirement for the degree of Doctor of Education in the Subject of Counseling and Consulting Psychology Harvard University, June, 1985, p.4

73 George Weinberg, *The Pliant Animal*, 1981 Mrtin's Press Inc., New York, 加藤諦三訳『プライアント・アニマル』、三笠書房、一九八一年十一月十日、一〇四頁

74 A supreme challenge to pliancy is repression. Ibid., p.140

75 Abraham H. Maslow, *Toward A Psychology of Being*, D. Van Nastrnd Co. Inc., 1962,

上田吉一訳『完全なる人間』、誠信書房、一九六四年、六月十日、九一頁

76 Gina O'Connell Higgins, *Resilient Adults: Overcoming a Cruel Past*, Jossey-Bass Publishers San Francisco, 1994, p.18

77 ibid., p.20

78 ibid., p.17

79 Dan gleaned an initial sense of sunrise from Amelia. Ibid., p.90

80 Apparently we simply expect less from people who are not parents, which renders us more at liberty to appreciate what they do. Ibid., p.90

81 There was a great deal of love in Amelia'family, I visited her family only once, but it stands out to this day how much love there was when I arrived with Amelia. Everyone was laughing and singing and hugging each other and just being so warm together. I just could sense how wonderful that was, and of course I saw that manifested in her every day, in her capacity to love others, and love us little children, I think the most fortunate thing in my life was to have been exposed to

that at such an early age. Ibid., p.90

82 I would almost throw up at the smell of onions and garlic, because I ate this meal and never saw again. Ibid., p.91

83 But it stood out in my life, and I think that I had sort of a star that I could focus on in the sky, which was that people who were deeply p.92 loving like Amelia were the people to latch onto and follow and to be with.

That is what I wanted to look for in life, and, over and over again, when I would see someone who kind of fit that mold, I'd kind of latch right on. Ibid., p.92

84 ibid., p.93

85 ibid., p.96

86 Her capacity to shepherd herself effectively from an early age. Ibid., p.106

87 When I asked Anya how she believe she maintained psychological integrity in the face of her searing past. Ibid., p.106

88 Although her circumstances seem to render her as defenseless as a penny on a

railroad track, she feels that she has unusual innate ego integrity. Ibid., p.106

89 To not pay attention, to focus on something else, to fight, to keep her fighting spirit inside about not give in.

She would say, if you fight, it makes it worse. Dad hits you but if you don't fight, you are going go lose yourself. Ibid., p.106

90 I would kick and scream and yell and run, at home. I am sure I got it worse as a result.

When I just stopped fighting outwardly at one point, I still felt, that what I was doing internally was also a total defiance of my father. Ibid., p.106

91 Altruistic Peer Relationship Ibid., p.109

92 It was my peers and connecting to them, that felt like my lifeline.

You had to take care of yourself.

I would have been discouraged or killed or punished, so you had to be devious in order to do it, but, the heart was there and that was enough. Ibid., p.111

93 It was my peers and connecting to them, that felt like my lifeline. Ibid., p.111

94 You had to take care of yourself.

I would have been discouraged or killed or punished, so you had to be devious in order to do it, but, the heart was there and that was enough. Ibid., p.111

95 It allows people to feel loved simply for being who they are. Ibid., p.113

96 He loves me for who I was; I didn't need to do anything to prove myself.

She believed I was wonderful just because I existed. Ibid., p.115

97 Surrogates who seemed to make life full and rewarding, who did not shrink from hard work, who were not given to spells of self-pity, who shared what they had, and who told the truth. Ibid., p.119

98 PSYCHOLOGICAL RESILIENCE AND THE CAPACITY FOR INTIMACY: HOW THE WOUNDED MIGHT "LOVE WELL"

A Thesis Presented by Regina O'Connell Higgins to The Faculty of the Graduate School of Education in Partial Fulfillment of the Requirement for the degree of

Doctor of Education in the Subject of Counseling and Consulting Psychology Harvard University, June, 1985, p.10

99 ibid., p.12

100 ibid., pp.12-13

101 ibid., p.12

102 Rollo May, *The Meaning of Anxiety*, W. W. Norton & Company Inc., 1977, 小野泰博訳『不安の人間学』、誠信書房、一九六三年七月二十五日、一一六頁

103 ibid., p.241

104 Gina O'Connell Higgins, *Resilient Adults: Overcoming a Cruel Past*, Jossey-Bass Publishers San Francisco, 1994, p.20

PHP新書

PHP INTERFACE
https://www.php.co.jp/

加藤諦三［かとう・たいぞう］

1938年、東京生まれ。東京大学教養学部教養学科を経て、同大学院社会学研究科を修了。現在、早稲田大学名誉教授、ハーヴァード大学ライシャワー研究所客員研究員。
主な著書に、『自分の心に気づく言葉』『心を安定させる言葉』(以上、PHPエディターズ・グループ)、『心の休ませ方』『自分のうけいれ方』『不安のしずめ方』『自分に気づく心理学』『やさしい人』(以上、PHP研究所)、『なぜ、あの人は自分のことしか考えられないのか』(三笠書房)、『心と体をすり減らさないためのストレス・マネジメント』(大和書房)などがある。

〈加藤諦三ホームページ〉
http://www.katotaizo.com/

どんなことからも立ち直れる人

PHP新書 1205

逆境をはね返す力「レジリエンス」の獲得法

二〇一九年十一月二十九日　第一版第一刷
二〇二四年二月　二日　第一版第二刷

著者――加藤諦三
発行者――永田貴之
発行所――株式会社PHP研究所
東京本部――〒135-8137 江東区豊洲5-6-52
ビジネス・教養出版部 ☎03-3520-9615(編集)
普及部 ☎03-3520-9630(販売)
京都本部――〒601-8411 京都市南区西九条北ノ内町11
編集協力
組版――株式会社PHPエディターズ・グループ
装幀者――芦澤泰偉＋児崎雅淑
印刷所
製本所――大日本印刷株式会社

ISBN978-4-569-84553-1

PHP新書刊行にあたって

「繁栄を通じて平和と幸福を」(PEACE and HAPPINESS through PROSPERITY)の願いのもと、PHP研究所が創設されて今年で五十周年を迎えます。その歩みは、日本人が先の戦争を乗り越え、並々ならぬ努力を続けて、今日の繁栄を築き上げてきた軌跡に重なります。

しかし、平和で豊かな生活を手にした現在、多くの日本人は、自分が何のために生きているのか、どのように生きていきたいのかを、見失いつつあるように思われます。そして、その間にも、日本国内や世界のみならず地球規模での大きな変化が日々生起し、解決すべき問題となって私たちのもとに押し寄せてきます。

このような時代に人生の確かな価値を見出し、生きる喜びに満ちあふれた社会を実現するために、いま何が求められているのでしょうか。それは、先達が培ってきた知恵を紡ぎ直すこと、その上で自分たち一人一人がおかれた現実と進むべき未来について丹念に考えていくこと以外にはありません。

その営みは、単なる知識に終わらない深い思索へ、そしてよく生きるための哲学への旅でもあります。弊所が創設五十周年を迎えましたのを機に、PHP新書を創刊し、この新たな旅を読者と共に歩んでいきたいと思っています。多くの読者の共感と支援を心よりお願いいたします。

一九九六年十月

PHP研究所

PHP新書

［心理・精神医学］

053 カウンセリング心理学入門　國分康孝
065 社会的ひきこもり　斎藤 環
103 生きていくことの意味　諸富祥彦
171 学ぶ意欲の心理学　市川伸一
304 パーソナリティ障害　岡田尊司
364 子どもの「心の病」を知る　岡田尊司
381 言いたいことが言えない人　加藤諦三
453 だれにでも「いい顔」をしてしまう人　加藤諦三
487 なぜ自信が持てないのか　根本橘夫
550 「うつ」になりやすい人　加藤諦三
583 だましの手口　西田公昭
695 大人のための精神分析入門　妙木浩之
697 統合失調症　岡田尊司
796 老後のイライラを捨てる技術　保坂 隆
825 事故がなくならない理由《わけ》　芳賀 繁
862 働く人のための精神医学　岡田尊司
867 「自分はこんなもんじゃない」の心理　榎本博明
895 他人を攻撃せずにはいられない人　片田珠美
910 がんばっているのに愛されない人　加藤諦三
918 「うつ」だと感じたら他人に甘えなさい　和田秀樹
942 話が長くなるお年寄りには理由《わけ》がある　増井幸恵
952 プライドが高くて迷惑な人　片田珠美
953 なぜ皮膚はかゆくなるのか　菊池 新
956 最新版「うつ」を治す　大野 裕
977 悩まずにはいられない人　加藤諦三
992 高学歴なのになぜ人とうまくいかないのか　加藤俊徳
1063 すぐ感情的になる人　片田珠美
1091 「損」を恐れるから失敗する　和田秀樹
1094 子どものための発達トレーニング　岡田尊司
1131 愛とためらいの哲学　岸見一郎
1195 子どもを攻撃せずにはいられない親　片田珠美

［経済・経営］

187 働くひとのためのキャリア・デザイン　金井壽宏
379 なぜトヨタは人を育てるのがうまいのか　若松義人
450 トヨタの上司は現場で何を伝えているのか　若松義人
543 ハイエク 知識社会の自由主義　池田信夫
587 微分・積分を知らずに経営を語るな　内山 力
594 新しい資本主義　原 丈人
620 自分らしいキャリアのつくり方　高橋俊介